QU'EST-CE QUE LA GAUCHE ?

Collectif

Coordonné par Cécile Amar
et Marie-Laure Delorme

Qu'est-ce que la gauche ?

Fayard

Couverture : © Atelier Didier Thimonier

ISBN : 978-2-213-70458-6

Dépôt légal : janvier 2017

Préface

Cécile Amar et Marie-Laure Delorme

Quand a-t-on commencé à se poser la question ? Car, longtemps, ce fut une évidence. Qu'est-ce que la gauche ? La défense du peuple, la conscience de classe, le progrès social, le choix de l'égalité, le bien commun, la justice. Mais aujourd'hui, au terme d'un quinquennat qui a brouillé tous les repères en défendant le patronat et en méprisant le peuple, la question ne peut plus être éludée. Elle est plus que jamais d'actualité. L'historienne Michelle Perrot rappelle que, partout dans le monde, les idées des extrêmes droites (nationalisme, xénophobie, culte de la virilité, négation des différences et des libertés individuelles, dureté des peines...) gagnent du terrain. Face à la montée des périls, il ne s'agit pas de répondre par un slogan stupide et infantile, mais par une réflexion profonde, critique, ouverte : qu'est-ce que la gauche ?

La parole politique sature l'espace médiatique ; alors nous avons décidé de donner la parole en plus grand nombre à des intellectuels, des artistes, des romanciers, des personnalités engagées. Certains font mentir l'ancien Premier ministre socialiste : non seulement la gauche n'est pas morte, mais elle n'est pas près de mourir. Elle est un horizon (Catherine Cusset) ; une éthique (Michel Winock) ; une confiance dans le progrès (Élisabeth Roudinesco) ; une liberté, une égalité, une fraternité (Erri De Luca) ; un camp qui n'est pas celui du plus fort (Geneviève Brisac) ; une foi en la culture et en l'éducation (Gérard Mordillat) ; un combat (Aurélie Filippetti) ; une colère cinglante (Laurent Binet). Ces enfants de la Déclaration des droits de l'homme, de Victor Hugo, de Jean Jaurès et de mai 1968, rappellent que la gauche est toujours une « intranquillité ».

Les propos du philosophe Alain sont connus : « Lorsqu'on me demande si la coupure entre partis de droite et partis de gauche, hommes de droite et hommes de gauche, a encore un sens, la première idée qui me vient est que l'homme qui pose cette question n'est certainement pas un homme de gauche. » La question du clivage droite/gauche est au cœur de nombreux textes. Martine Aubry, Michaël Fœssel, Frédéric Worms, Jean-Luc Mélenchon, représentent peut-être des gauches différentes mais, chacun à leur manière, ils ont accepté de nous livrer leur vision de la gauche, leur rapport à la gauche. Ils ont accepté de solder le passé et de tracer un chemin de reconstruction d'un camp morcelé. Tous ici n'appartiennent pas à la même génération. Ils ont leur style, leur voix, leur parcours, mais ils en commun de ne pas rendre les armes.

Ils ont été contactés au début de novembre 2016 et ont consenti à bousculer leur agenda chargé pour répondre au début de décembre 2016. Quelques semaines pour articuler une pensée sur la gauche. Non. La question de la gauche est au cœur de leurs trajectoires depuis toujours. C'est pour ça qu'ils sont là. D'ailleurs, ils répondent souvent de manière intime, et substituent à la question « Qu'est-ce que la gauche ? », sa cousine : « Qu'est-ce qu'être de gauche ? »

Être de gauche, c'est se battre contre l'ordre établi, la force des choses, l'inertie du monde. C'est comme ça ? Non, ce n'est pas comme ça. Non, ce ne doit pas être comme ça.

À travers les réponses de plus d'une trentaine de personnalités se dessinent les forces et les faiblesses de la gauche d'hier et d'aujourd'hui. Ce livre collectif ne se veut pas une apologie de la gauche – les regards y sont plus ou moins sombres, plus ou moins féroces –, mais une interrogation combative sur la gauche : qu'est-ce que la gauche ? Le grand écrivain et poète italien Cesare Pavese, auteur du *Métier de vivre* (1952), disait : « L'art est la preuve que la vie ne suffit pas. » La gauche est la preuve que la vie ne suffit pas.

Cécile Amar est journaliste à *l'Obs*.
Dernier livre paru : *L'homme qui ne voulait pas être roi. Conversations avec Jacques Delors*, Grasset.

Marie-Laure Delorme est journaliste au *JDD*.
Dernier livre paru : *De bons élèves. L'École Normale Supérieure vue de l'intérieur*, Stock.

Erri De Luca

J'ai un critère simple pour qualifier de gauche une politique et un comportement approprié. Les deux aspects vont de pair : pour qu'une ligne politique soit de gauche, il faut un comportement personnel adéquat. Je considère comme de gauche l'ex-président de l'Uruguay, Pepe Mujica, le maire de Barcelone, le maire de Naples.

Chez nous, en Italie, on affectionne la phrase attribuée à tort à Machiavel : « La fin justifie les moyens. » J'ai l'expérience du contraire : la façon dont on poursuit ses propres idéaux, ses programmes, son style de vie, décide si la « fin » est digne d'être réalisée. La sobriété, la modestie, le respect sont les éléments, les moyens qui justifient le but à atteindre.

Sans eux, aucun résultat n'a de consistance ni de durée.

Une fois ce préambule posé, le critère qui me permet de définir une politique de gauche découle directement de la Déclaration des droits de l'homme et du citoyen. Je m'en tiens à la trinité laïque de base : liberté, égalité, fraternité. Une politique de gauche se conforme à ces trois principes dans ses actions publiques et privées.

Liberté d'expression, de culte, de circulation des personnes, d'opposition, de recherche culturelle et scientifique, de bonheur : la liberté n'est pas une donnée permanente. Même dans une démocratie formelle, elle peut reculer, se restreindre, opprimer. Imposer par la force un programme de travaux publics contre la volonté de la population intéressée est un acte qui transforme une démocratie en despotisme.

L'égalité contient toutes les mesures de justice : mêmes conditions d'accès à la santé publique, à l'éducation, à la défense dans un procès.

Incarcérer des immigrés coupables de voyage équivaut à établir une discrimination entre les êtres humains, à nier l'égalité. L'égalité ne nivelle pas les destins, mais donne à chacun les mêmes chances au départ. L'égalité, c'est cette nourriture appelée manne, garantie à tous dans le désert, qui prenait dans la bouche de chacun le goût qu'il désirait. L'égalité est la condition préalable de la liberté.

Enfin, la fraternité : ce n'est pas un droit comme les deux autres. C'est le sentiment qui permet leur réalisation.

Je l'ai connue dans les luttes ouvrières, dans les tremblements de terre, sur l'île de Lampedusa, en Val de Suse. La fraternité qui serre les rangs est un sentiment spontané dans les cas d'urgence. Mais elle requiert une éducation dans les temps ordinaires. La fraternité décide de la manière d'être d'une personne et d'un comportement de gauche. Ceux qui expérimentent ce sentiment sont dans les meilleures conditions pour choisir leur camp.

La fraternité n'est pas une exclusivité de gauche, elle appartient au genre humain, mais elle est fondamentale pour ceux qui veulent promouvoir dans cette société les principes de liberté et d'égalité – qui, eux, sont bien des projets de gauche.

Si nous sommes les enfants d'un seul couple originel, Adam et Ève, nous sommes exposés au risque d'Abel et de Caïn. Face aux innombrables occasions de conflit, être de gauche renforce les anticorps et le système immunitaire.

Traduit de l'italien par Danièle Valin.

Erri De Luca est écrivain.
Dernier livre paru : *Le plus et le moins*, Gallimard.

Michel Winock

Il importe de distinguer l'existence historique de la gauche de son essence idéologique. C'est en septembre 1789 que le mot « gauche » apparaît dans la grande salle des Menus-Plaisirs, à Versailles, où se réunissent encore les députés de l'Assemblée constituante avant de s'installer à Paris. À l'occasion du vote sur le veto royal, les adversaires de celui-ci, tels Robespierre, Barnave, Pétion, se sont placés à la gauche du président de séance, Clermont-Tonnerre, comme ils avaient déjà commencé à en prendre l'habitude. En face de ce « côté gauche » fait front un « côté droit », les défenseurs de l'absolutisme, tels le frère de Mirabeau dit Mirabeau-Tonneau, l'abbé Maury, Cazalès.

Cependant, dès ses origines révolutionnaires, la gauche au singulier, la gauche absolue, reste introuvable. Elle est fractionnée, divisée, contradictoire, déchirée. Tout au long de l'intrigue révolutionnaire, de 1789 à 1799, se développe l'irisation de la gauche : les Feuillants, les Girondins, les Montagnards, les Babouvistes peuvent être classés « à gauche », face à la droite monarchiste et contre-révolutionnaire. Au XIXe siècle, la gauche s'assimile progressivement au parti de la République, mais celui-ci est partagé entre modérés, radicaux et socialistes. La naissance du parti communiste en 1920 ajoutera une nouvelle couleur à l'arc-en-ciel.

En simplifiant, on pourrait distinguer quatre gauches. D'abord la gauche républicaine, qui assume l'héritage de la Révolution, et dont le radical-socialisme devient vers 1900 la représentation la plus claire. Ensuite la gauche socialiste, issue d'une autre révolution, la révolution industrielle et la naissance du prolétariat. La révolution léniniste donne naissance à une troisième gauche, la gauche communiste. Enfin, plus marginale, sans vocation au pouvoir, ce qu'on a appelé d'un terme générique le gauchisme, mais lui-même divisé en multiples fractions, de l'anarchisme au trotskisme.

Rares sont les situations où l'on voit à l'œuvre une gauche unifiée frontalement contre ses adversaires de droite, et ces situations sont elles-mêmes éphémères. On rappellera ainsi la révolution de février 1848, les élections de 1877 consécutives au « 16 mai » de Mac-Mahon, la victoire du Bloc des gauches en 1902 au lendemain de l'affaire Dreyfus, la victoire du Front populaire, l'Union de la gauche de 1972 scellée par le programme commun de gouvernement, la « gauche plurielle » de Lionel Jospin en 1997. Toutes ces occasions d'union sont de brève durée, et le pli ordinaire de la gauche dans son histoire est la désunion. On sera donc tenté de dire que la gauche n'existe pas, ou seulement de façon fortuite lorsque, face à ses adhérents et à ses électeurs, se dresse un ennemi commun qui, le temps d'une saison, réunit ses combattants.

L'élection présidentielle au suffrage universel a eu le mérite, si c'est un mérite, de forcer au second tour les alliances aussi bien à gauche qu'à droite, ce qui a pu laisser croire à un bipartisme fondamental entre « la droite » et « la gauche ». Ainsi, en 1965, en 1981, en 1988, en 1995, en 2007 et en 2012. Le premier tour, cependant, démontrait le plus souvent la décomposition de cette prétendue gauche, le comble étant atteint sans doute en 2002, quand rivalisèrent un candidat socialiste (Lionel Jospin), un dissident socialiste (Jean-Pierre Chevènement), une candidate radicale (Christiane Taubira), un candidat communiste (Robert Hue), un écologiste (Noël Mamère) et trois candidats de référence trotskiste (Arlette Laguiller, Olivier Besancenot, Daniel Gluckstein) !

Malgré cette inexistence historique de la gauche indivisible, est-il illégitime de parler de la gauche au singulier, de se sentir « de gauche », d'évoquer les « valeurs » de gauche ? Pour tenter de saisir une essence de la gauche, il faut encore revenir aux origines. Grosso modo, l'homme de gauche accorde sa foi au progrès et sa confiance à l'être humain ; l'homme de droite se défie de l'un et de l'autre. Deux conceptions philosophiques les opposent, qui relèvent de la théologie. L'homme de droite se défie de la créature humaine, marquée par le péché originel, et qui doit être assujettie à un ordre, à une autorité, à une tradition, si l'on veut que la société soit possible. En ce sens, l'homme de droite est l'homme du passé, du respect de l'héritage, de la conservation des us et coutumes qui ont permis le tricot sociétal. L'homme de gauche, qui a jeté aux orties le dogme du péché originel, croit en une destinée humaine que l'Histoire doit émanciper. Cette double vision induit d'un côté la défense de la hiérarchie, de l'autre la proclamation de l'égalité.

Cette épure idéaliste de la gauche a souffert du processus historique. Le doute s'est immiscé, la confiance dans la nature humaine a eu maille à partir avec ses contradictions. Sans aucune référence au dogme du péché originel, le postulat de la bonté naturelle de l'homme a volé en éclats sous la théorie freudienne des pulsions (à côté de la pulsion de vie, les pulsions de mort, d'agression, de destruction...). La droite philosophique n'a-t-elle pas raison dans sa volonté de réduire, de contraindre et, au mieux, d'abolir les penchants agressifs, les désirs destructifs des hommes ? Implicitement, le socialisme a pris en compte cette remise en question de l'optimisme des Lumières (« Il est vrai que ceux qui préfèrent les contes de fées font la sourde oreille quand on leur parle de la tendance native de l'homme à la "méchanceté", à l'agression, à la destruction, et donc aussi à la cruauté », *dixit* Freud).

Quand le socialisme se réalise pour la première fois en Russie, Lénine fait mine d'accorder son soutien à la liberté en désignant le nouveau régime comme « soviétique », celui des conseils d'ouvriers et de soldats qui s'est créé spontanément. Dans les faits, le régime léniniste aura à cœur de canaliser le conseillisme et, au nom de l'efficacité, d'élaborer un régime à parti unique, hiérarchisé et d'emblée policier, afin de mettre au pas ou d'envoyer *ad patres* les récalcitrants en même temps que les contre-révolutionnaires.

Les années 1920 voient la consolidation de l'Union soviétique, et les années 1930 l'avènement de la dictature stalinienne : on peut dire qu'alors l'idéalisme de gauche n'est plus qu'une manipulation, un récit de propagande, tout en restant une illusion universelle. De cet échec moral du communisme, en attendant son échec matériel à la fin du XXe siècle, est sortie une version amendée de l'optimisme de gauche : la social-démocratie. Celle-ci, révoquant la pureté de l'idéal révolutionnaire, a adhéré à l'impureté pratique du compromis. Elle ne visait plus à détruire le Mal, c'est-à-dire le capitalisme, mais à contrôler ses excès, à réguler son développement et, concrètement, à défendre une politique sociale réformiste, par les lois du travail et, de manière générale, par la redistribution des biens par l'impôt.

La social-démocratie apparaît ainsi comme le syndrome du scepticisme qui remet en question l'essence philosophique de la gauche. Ses principes de liberté, d'égalité, de fraternité, de justice, restent le socle. Dans l'opposition, les représentants de la gauche peuvent les brandir pour contester ceux qui gouvernent. Dans l'exercice du pouvoir, ils sont dans l'obligation de composer avec les choses, avec les nécessités, avec les événements, avec les instruments inévitables de l'ordre. Au fond, la gauche n'aurait de vocation que d'opposition, là où elle ne risque pas de se trouver en contradiction avec ses principes. Au mieux, elle assumerait une fonction tribunitienne. C'est à quoi la pensée réformiste, ou social-démocrate, ne veut pas se résigner ; elle entend œuvrer de son mieux pour faire avancer vaille que vaille un idéal qui reste le phare allumé de son action (quand il est allumé !) : non pas l'illusion d'un monde radieux, sans classes ni conflits – une forme de religion qui a fait autant de morts que la religion de l'ordre –, mais la volonté de préserver dans tous les domaines la dignité de l'homme, menacée de toutes parts. La gauche est aujourd'hui entrée dans l'ère défensive. Elle agit ou agira sur un fond de pessimisme raisonnable, car elle a découvert que l'Histoire, loin d'être un grand drame qui se termine bien, est tragique.

Sans désormais prétendre à l'organisation du Bien, elle garde une vocation universelle, celle de faire barrage du mieux qu'elle peut aux formes multiples de l'avilissement des hommes et de la tyrannie : l'esclavage, le pouvoir arbitraire, la guerre de conquête, l'exploitation économique, le parti unique, l'idolâtrie nationale, le culte du chef, le fondamentalisme religieux, la sujétion des femmes, le mépris des non-pareils, la corruption des élites, la culture de l'ignorance par la démagogie et la crétinisation des masses par le marché... La politique ne s'identifie pas à la morale, mais toute politique de gauche, quelles que soient les concessions accordées à la « force des choses », ne peut s'émanciper d'une inspiration éthique.

Michel Winock est historien.
Dernier livre paru : *François Mitterrand*, Gallimard.

Martine Aubry

Les marins le savent. Par gros temps, l'instrument le plus essentiel n'est pas le compas, mais la boussole. Et la boussole en politique, ce sont les valeurs. Notre première boussole à gauche, c'est l'égalité.

Être de gauche, c'est, aujourd'hui comme hier, vouloir l'égalité. La gauche, ce ne sont pas seulement des valeurs qu'on porte haut et des idées qu'on défend. Ce sont aussi des actes, une attitude, une façon d'être et de vivre.

L'égalité, c'est l'idée la plus belle, la plus forte, celle qui m'a amenée à m'engager en politique, celle que nous avons apprise des philosophes des Lumières et conquise dans les combats ouvriers et féministes, celle que nous avons découverte tout simplement dans notre enfance au regard de la société qui nous entourait, celle que nous devons plus que jamais placer au cœur de notre engagement.

« Les hommes naissent et demeurent libres et égaux en droits », proclame la Déclaration des droits de l'homme. Mais l'égalité n'est pas un état de fait. Pour moi, pour la gauche, la réaliser concrètement est une ardente obligation. Les droits sont à conquérir et à faire vivre. Être de gauche, c'est penser que l'égalité se construit par l'éducation, le logement, la santé, la sécurité, la fiscalité, la lutte contre toutes les formes de discrimination...

Être de gauche, c'est donner sa chance à chacun, donner à tous la possibilité de vivre la meilleure vie possible. Nous sommes différents, par nos cultures, notre place dans la société, notre âge, nos croyances ou philosophies... Mais nous devons construire notre avenir ensemble. C'est la condition pour qu'une société fonctionne. Si certains d'entre nous restent à l'écart, sont assignés dans certaines zones, des banlieues, des quartiers populaires ou des zones rurales, exclus des services publics, alors l'envie de vivre ensemble disparaît, la République ne réunit plus, la violence apparaît sous toutes ses formes, qu'elle soit sociale ou physique.

Ma conviction de maire est que la façon dont on construit la ville prépare déjà la façon dont on va réussir à vivre ensemble ou non. Éviter en premier lieu l'étalement des villes, qui est contraire au développement durable par la disparition de zones rurales agricoles, par l'accroissement de la mobilité contrainte, et par l'éloignement des services publics. Mais il y a en second lieu la manière dont on conçoit la ville, cette ville qui devait rapprocher les hommes et qui, au contraire, a créé de la relégation et de l'exclusion.

À Lille, nous avons pris le taureau par les cornes. Nous avons tourné le dos à la conception classique de la ville française – moins désastreuse certes que l'américaine, qui crée des ghettos pour riches et pour personnes âgées dotées de moyens, mais néanmoins excluante. D'un côté, des quartiers résidentiels pour riches et d'autres pour pauvres, des centres-villes musées où ne vivent plus d'habitants. De l'autre, des lieux où l'on travaille : des zones industrielles et des quartiers de bureaux, et des lieux où l'on commerce : des centres commerciaux… Une ville qui fonctionne, c'est une ville de « mélange » : chaque quartier doit être un morceau de ville avec une mixité sociale, générationnelle, mais aussi une mixité fonctionnelle : des lieux où l'on travaille, des commerces, des lieux de culture et de sport... Nous sommes fiers d'avoir gardé les quartiers populaires dans la ville (six sur dix), de ne pas les avoir relégués en banlieue. Mais encore fallait-il agir pour leur métamorphose et construire cette mixité sociale et fonctionnelle avec des règles claires : de la qualité partout dans les espaces et équipements publics, du beau, mais aussi des contraintes : chaque construction conséquente doit être répartie en trois tiers : privée, accession à la propriété et sociale. À Lille, de nombreux îlots mixtes autour d'un même jardin, avec des lieux communs, ou même du privé et du social dans le même immeuble, existent et vivent bien.

Pourquoi insister là-dessus ? Parce qu'être de gauche, vouloir ce vivre-ensemble, cela ne se proclame pas, cela se construit pas à pas. Et doit être accompagné – je ne détaillerai pas – par une mixité culturelle et sociale dans les écoles et par une politique donnant dès le premier âge les moyens d'expression, d'accès à la vie collective, qui prépare l'envie d'apprendre, évite l'échec scolaire et insuffle la volonté de vivre ensemble dans nos différences culturelles, sociales…

Être de gauche, c'est aussi penser que liberté et égalité sont indissociables. Sans égalité, il n'est pas de liberté accomplie. Est-on vraiment libre lorsqu'on n'arrive pas à boucler les fins de mois ? Est-on vraiment libre lorsqu'on vit dans l'insécurité ? Est-on vraiment libre lorsque l'école reproduit les inégalités de naissance ? Est-on vraiment libre lorsque l'accès à l'emploi ou au logement n'est pas le même en fonction de sa couleur de peau ou de son adresse ? Vouloir l'égalité, c'est l'inscrire dans notre droit et dans les faits.

Je me suis forgé une conviction, qui n'a cessé de se renforcer tout au long de mon parcours militant, professionnel et politique. Être de gauche, c'est être attentif aux autres.

L'égalité et la liberté sont les mots de la République pour signifier l'attention à chacun, à chaque individu, à chaque personne. Être de gauche, c'est ouvrir nos portes et tendre la main. Au voisin qui est seul ou n'a plus la force de sortir de chez lui. Au jeune qui dérape et qui a besoin d'être ramené dans le bon chemin, comme à celui qui dérive et que l'on peut aider pour des conseils, ou un stage, une formation… Un regard, une parole, au sans domicile fixe devant sa porte, sur les bancs publics… À tous ceux qui sont sur le bord du chemin.

Et aussi à ceux qui viennent de plus loin. L'humanité ne mérite pas le nom d'humanité si elle détourne le regard des milliers de vies humaines brisées sur les rivages de la Méditerranée. Poussons nos murs, ajoutons des chaises sur nos bancs d'école, ouvrons nos cœurs aussi.

Être de gauche, c'est avoir le goût des autres, le sens du commun. C'est regarder l'autre non pas comme un concurrent, ainsi que les libéraux nous y poussent, mais comme un complément, un prolongement, un reflet de soi.

L'attention aux autres, le respect des autres, le soin des autres... J'avais un temps utilisé le mot *care*, qui en anglais recouvre ces différentes significations. Cette attention aux autres, la République lui a donné un nom ; il figure sur le fronton de nos mairies, c'est la fraternité. La fraternité fut longtemps maintenue hors du champ politique : c'était l'affaire de la famille, du village, de l'église.

Dans une société laïque, ce doit être la responsabilité de la politique en général et de la gauche en particulier.

Être de gauche, c'est penser qu'on maîtrise son destin, qu'il n'est pas inné, qu'il n'est pas déterminé par notre sexe, nos origines sociales, qu'on ne le subit pas.

Être de gauche, c'est penser qu'il appartient aux femmes et aux hommes, et à eux seuls, de dire dans quelle société ils veulent vivre, d'en fixer les contours, et de définir le chemin et la mobilisation pour y parvenir. C'est d'ailleurs pour moi la définition même de la politique fondée sur des valeurs. Ce n'est ni aux forces mécaniques du marché, ni à la fatalité ou à des forces supérieures, comme certaines civilisations le croient, que nous devons livrer notre destin.

Être de gauche, c'est finalement refuser cette idée, insidieuse, qui s'est développée d'abord à droite, puis chez les démocrates américains, puis dans la social-démocratie européenne : l'idée que les marchés régleraient mieux les problèmes que les hommes. Ce fut la financiarisation dans les années 1980, déclenchée par la privatisation des banques. Puis les délocalisations accélérées, dans les années 1990, avec par exemple la levée des barrières douanières avec la Chine sous l'impulsion de l'OMC, dont on se rappelle les ravages dans le textile.

Maîtriser notre destin, c'est fixer de nouvelles règles pour les marchés, fondées sur la coopération plutôt que la compétition, la recherche et l'innovation confortées, le souci du long terme plutôt que la tyrannie du court terme, l'investissement et l'emploi plutôt que la rente, et la sécurité plutôt que la flexibilité pour les salariés, mais aussi les artisans, les commerçants. C'est mettre en place un véritable droit à la sécurité sociale tout au long de la vie.

Maîtriser notre destin, c'est être les promoteurs de l'État social et de la régulation, sans lesquels l'égalité n'est pas réelle. Vouloir l'égalité, c'est être bâtisseurs d'une économie sociale et écologique de marché solide, sans laquelle il n'est pas d'État social durable. C'est développer l'économie sociale et solidaire, l'économie collaborative et coopérative, là encore en fixant des règles pour éviter des détournements. C'est aussi s'interroger sur les conséquences de la numérisation de la société sur la précarité des salariés et sur les conditions de vie.

Maîtriser notre destin, c'est lutter vraiment contre le réchauffement climatique. L'écologie n'est pas un supplément d'âme : elle est un impératif vital pour les générations futures.

Être de gauche aujourd'hui, c'est être écologiste. Cela ne peut plus être autrement. Les collectivités locales ont un rôle majeur à jouer en la matière : Lille a inscrit depuis dix ans dans ses agendas 21 des objectifs chiffrés et réalisés, en agissant contre le réchauffement climatique dans tous les domaines : urbanisme, espaces verts, biodiversité, éducation, alimentation, coopération internationale…

Maîtriser notre destin, c'est une République présente partout dans nos quartiers ou nos territoires qui se sentent abandonnés et relégués.

C'est une Europe refondée à partir d'un premier cercle de pays qui acceptera une harmonisation de la fiscalité notamment du capital, et sociale pour éviter le dumping, une relance de l'économie pour tourner le dos à l'austérité… L'Europe doit s'appuyer sur trois pieds, comme le dit Jacques Delors : la compétition qui stimule, la coopération qui renforce et la solidarité qui unit. On en est loin !

Être de gauche, c'est ne jamais se satisfaire d'un état de fait. C'est penser que le progrès, cette idée que demain sera meilleur qu'aujourd'hui pour tous et pour chacun, doit toujours être recherché dans le contexte présent de la société : mondialisation généralisée, nouvelles formes d'économie, pays en plein développement et d'autres en recul…

Enfin, être de gauche, pour moi, c'est porter haut l'émancipation, la création, la culture. La culture crée un lien entre les hommes, elle leur permet de connaître leur passé par le patrimoine, de partager des moments d'émotion, mais aussi de réflexion, car le regard des artistes est précieux, notamment lorsqu'ils dénoncent les travers de nos comportements ou de la société. La culture et la création doivent être au cœur d'un projet politique de gauche. Elles tracent les époques et dessinent l'humanité.

Martine Aubry est maire de Lille.

Matthieu Pigasse

La gauche, c'est le refus de ce qui est. C'est le refus des situations acquises, des rentes et des privilèges. C'est l'affirmation que tout est possible, toujours, que rien n'est figé, jamais, et qu'il est possible d'agir à tout moment pour changer les choses. Ce qui fonde la gauche, ses combats et ses valeurs, c'est la conviction que l'inégalité est un phénomène social, et non un phénomène naturel. Certes on naît petit ou grand, beau ou laid, brun ou blond, mais avec le même potentiel et les mêmes droits. C'est la société qui engendre ensuite les inégalités. C'est l'environnement social qui distingue entre les individus, en fonction notamment des origines familiales, géographiques ou sociales.

Le combat premier est donc d'agir pour refuser toute fatalité et le hasard d'un tri social infondé.

C'est chercher à corriger les inégalités, à les dénaturaliser, pour permettre à chacun d'échapper à un prétendu destin déjà tracé et de construire son propre avenir.

Être de gauche, c'est ainsi vouloir donner à chacun les moyens d'agir sur sa vie, de pouvoir changer sa vie, de choisir sa vie. C'est permettre à chacun de pouvoir progresser et de ne plus subir, d'être sujet de son propre destin et non plus objet. Donner à chacun les moyens d'agir sur sa vie exige l'égalité des chances comme l'égalité des places. L'égalité des chances, c'est s'assurer que nous sommes tous sur la même ligne de départ de la course qu'est la vie · personne devant et personne derrière. Cela passe par l'égal accès à l'éducation, à la culture, à la sécurité, au système de soins. L'égalité des places se met en œuvre, elle, à la fin de la course. Elle ne conduit pas à pénaliser ceux qui sont arrivés les premiers, mais elle vise à donner une seconde chance à tous ceux qui ont mal couru ou qui sont tombés en chemin. Ceux-là doivent avoir la chance de pouvoir reprendre en main leur vie, la société doit leur offrir la possibilité d'un deuxième départ. Cela passe notamment par la formation continue, la mobilité sociale ou la flexibilité des parcours.

La gauche, c'est la société du possible, une société où tout est possible pour chacun.

Il est cependant aujourd'hui un autre clivage que le clivage gauche/droite, qui le recoupe en partie, mais qui ne se confond pas pour autant avec lui, et qui est au moins aussi important : c'est le clivage ouverture/fermeture. Le monde a profondément changé et évolué depuis les Lumières, la Commune ou le Front populaire. Les combats d'il y a deux cents ans ou cent ans ne sont plus nécessairement valables aujourd'hui. Ils font désormais largement partie de notre héritage commun, et les lignes de fractures ont bougé. De nouveaux enjeux, majeurs, apparaissent.

Nous sommes à un moment particulier de notre histoire, à la veille d'une grande rupture, d'une grande fracture. La machine économique mondiale est durablement cassée, tous les moteurs de la croissance sont à l'arrêt : il n'y a pas et il n'y aura pas de croissance durant de longues années. En l'absence de croissance, le chômage va augmenter de manière continue. Avec la montée du chômage, les inégalités vont exploser. Et, avec les inégalités, le populisme va prospérer. Les États-Unis offrent la meilleure illustration possible de cette situation, avec d'un côté une hyper-élite hyper-riche, très réduite, et à l'autre extrémité l'écrasante majorité de la population, paupérisée, précarisée, dont la condition se détériore continûment depuis des décennies. Disparition de la croissance, chômage de masse, explosion des inégalités : tout cela détruit tout espoir et tout avenir, efface les repères, supprime tout progrès possible. C'est une société des extrêmes qui nourrit le repli sur soi et le rejet de l'autre. En témoignent le *Brexit*, l'élection de Donald Trump, ou la montée continue des partis populistes en Europe. C'est une société des boucs émissaires où il y a nécessairement un coupable et où ce coupable est toujours l'autre, quel qu'il soit. L'autre, c'est celui qui n'est pas comme nous.

Dans un monde ouvert, mondialisé, globalisé, digitalisé, où les choses vont très vite, tout a été bouleversé. Le clivage fermeture/ouverture se déploie dans le rapport à l'autre. L'ouverture, c'est la reconnaissance de la différence, c'est l'acceptation de la différence, et ce quelle que soit cette différence : religieuse, ethnique ou raciale, sexuelle, politique… Accepter la différence, c'est accepter l'autre, les autres, c'est accepter la diversité et sa richesse, c'est en faire une force. C'est refuser le repli sur soi, guerrier et mortifère. Ce clivage embrasse nombre de questions de société actuelles, comme le mariage pour tous, les migrants, le libre-échange, les frontières…

Un des enjeux les plus forts de l'ouverture, et du refus de la fermeture, est l'Europe. L'Europe est à la fois une évidence et une nécessité. Nous avons une histoire commune – heureuse ou malheureuse –, des valeurs communes, une identité commune ; il nous appartient désormais de construire un destin commun. Il existe une singularité européenne, une spécificité européenne, que nous devons préserver. Dans un monde ouvert et mobile, où domine la loi des grands nombres, nous ne serons forts qu'ensemble. Séparés, nous serons rapidement marginalisés de la marche du monde. Nous devons nous unir pour affirmer notre idéal commun, nos valeurs communes, l'humanisme, le progrès, la liberté, l'égalité.

Il y a urgence aujourd'hui à réinventer un destin commun, un lien qui nous unit, une espérance collective. L'Europe doit nous y aider. Nous devons réapprendre à regarder ensemble dans la même direction et nous réapproprier une part de rêve. À défaut, les dysfonctionnements de nos sociétés – exclusion, pauvreté, inégalités –, la montée des populismes et des conservatismes, leur fermeture sur elles-mêmes, conduiront à leur asphyxie et à leur explosion en plein vol. Il nous appartient donc de nous engager. S'engager pour changer les choses et donner du sens, refuser ce qui est et se battre pour le changer. S'engager, c'est vouloir inventer d'autres possibles ; c'est dire non pour dire oui, oui comme un appel à la vie, oui aux valeurs qui sont les nôtres ; c'est donner un souffle et un espoir.

L'éducation et la culture sont les deux éléments fondamentaux qui mettent en capacité de changer la vie.

Ce sont des instruments de résistance dans un monde où il est désormais possible de dire n'importe quoi, notamment sur les réseaux sociaux, sans crainte d'être démenti ou contredit. Ce sont des armes de destruction massive des *a priori* et des préjugés, mais aussi des armes de construction massive d'un monde meilleur. L'éducation et la culture sont essentielles pour comprendre le monde, porter des valeurs supérieures, et ne jamais se soumettre aux contre-vérités, approximations et manipulations. Ce sont des instruments de liberté individuelle et collective.

Le progrès, le mouvement, l'ouverture, l'Europe, l'éducation, la culture, voilà ce qui fonde les valeurs qui sont les nôtres.

Nous vivons des temps d'une extraordinaire gravité. « Notre monde n'a pas besoin d'âmes tièdes, il a besoin de cœurs brûlants » (Albert Camus).

Matthieu Pigasse est vice-président de la banque Lazard, propriétaire des Nouvelles Éditions Indépendantes et actionnaire du groupe Le Monde. Dernier livre paru : *Éloge de l'anormalité*, Plon.

Catherine Cusset

Hier soir, je dînais chez un ami à Paris quand un des convives s'est indigné de tous ces impôts qu'il devait payer et du montant exorbitant des droits de succession. « Personnellement, j'aimerais bien payer plus d'impôts », a dit un autre convive, sans que l'indigné saisisse l'ironie. Je n'ai jamais vu personne se réjouir de payer ses impôts, mais il faut être de droite pour ne pas hésiter à protester vigoureusement contre le gouvernement – de gauche, évidemment – qui s'immisce entre soi et le fruit de son labeur. Je me suis demandé ce que ce type faisait à ce dîner chez un ami qui, lui, était de gauche. Apprenant que j'arrivais de New York, où je vis depuis vingt ans, et où l'élection présidentielle venait d'avoir lieu (on était le 12 novembre), il a ajouté que ce n'était pas nécessairement une mauvaise chose que Donald Trump ait été élu : Trump avait dit beaucoup de bêtises pendant sa campagne, soit, mais il avait déjà mis de l'eau dans son vin et deviendrait probablement un président très raisonnable représentant tous les Américains ; Hillary Clinton, par ailleurs, était abominablement corrompue ; de toute façon, il y avait eu un raz de marée en faveur de Trump : il fallait l'accepter.

Je me suis mise à bouillir intérieurement. On pouvait donc impunément proférer des aberrations, insulter les femmes et les immigrés, tenir des propos racistes et sexistes ? Les mots n'avaient plus aucune importance ?

« Pas un raz de marée, ai-je dit. Vous semblez ignorer que Hillary a gagné le vote populaire, avec un million et demi de voix de plus que Trump. Mais c'est vrai, presque la moitié des États-Unis a voté pour Trump, parce qu'il a réussi à faire croire à l'Amérique moyenne blanche qui se sent trahie par les élites et le gouvernement qu'il serait son champion. C'est un homme de la téléréalité, qui a le sens du spectacle : un pur démagogue. »

Le type a haussé les épaules, sûr de son fait : pourquoi donc y aurait-il eu ce mouvement si

Trump ne représentait pas l'espoir et si les gens ne détestaient pas Hillary et la corruption ?

Je suis montée sur mes grands chevaux : « Vous me rappelez des amis français qui ont dîné chez nous à New York juste après le 11 septembre 2001. Ils ont commencé à nous dire que les Américains l'avaient bien cherché avec leur politique étrangère et que c'était leur faute. On venait de vivre une semaine apocalyptique, il y avait partout des posters de gens *missing*, presque trois mille personnes avaient disparu avec les tours, on en connaissait certains, et j'ai eu envie de prendre ces amis français par la peau du cou et de les jeter dehors. »

Autour de la table, on m'a regardée, un peu étonné par ma virulence. « Tu veux le prendre par la peau du cou et le jeter dehors ? » m'a demandé un autre convive en désignant du menton le défenseur de Trump, qui a fait le geste de protéger sa nuque. Tout le monde a ri, y compris moi.

« Désolée, c'est juste pour dire que je suis émotive, comme on l'a été à New York après le 11 septembre. L'élection vient d'avoir lieu et, à New York, on est tous très, très, très déprimés. C'est une catastrophe. Trump est un homme sans principes, un opportuniste qui affirme n'importe quoi, un homme d'affaires qui ne pense qu'à son intérêt. Quant à Hillary, elle n'est pas plus corrompue qu'un autre ! Elle a été bien plus attaquée que les autres politiciens parce que c'est une femme. Les gens se sont acharnés sur elle ! Soit, elle a peut-être eu le tort de penser que c'était "son tour", qu'il était légitime qu'elle devienne présidente. Mais, pendant toute sa carrière politique, elle a toujours lutté pour les droits des femmes, des enfants, des minorités. Il faut voir le portrait d'elle que fait Michael Moore dans *Michael Moore in Trumpland*. Et pourtant, Moore n'est pas un électeur de Hillary. Il était pour Bernie Sanders. »

L'idée qu'on puisse ne pas voir le danger que représentait Trump m'était insupportable.

« Quel danger ? Il sera entouré de conseillers qui l'aideront à gouverner. Le système de *checks and balances* protège la démocratie américaine. Rien ne va changer.

– Mais non ! Il s'entoure d'ignares et d'opportunistes sans principes comme lui ! Rien que les têtes des gens à qui il va donner des postes sont insupportables ! Il va annuler l'Obamacare et des millions de gens n'auront plus accès aux soins qui leur sauvent la vie ! Il va nommer à la tête de l'Environmental Protection Agency quelqu'un qui ne croit pas que le réchauffement climatique ait des causes humaines !

– Enfin, bon, les États-Unis et l'environnement…

– Mais justement ! Il va détruire ce qu'Obama a enfin réussi à accomplir ! Et il va nommer un juge à la Cour suprême ! Vous vous rendez compte de ce que cela veut dire pour les femmes et les minorités ? On va revenir en arrière ! Peut-être qu'on n'aura plus le droit d'avorter aux États-Unis !

– On ne va pas revenir en arrière. Vous dramatisez. Ce qui est acquis est acquis.

– Rien n'est acquis ! »

Est-ce la nature de la politique de provoquer des discussions où le ton monte et où, très vite, on ne supporte plus l'autre ? Ou est-ce moi qui suis trop émotive pour avoir une discussion politique ? Que l'on puisse défendre Trump, la xénophobie, le racisme ou simplement son portefeuille me paraît insensé. Je me rappelle cette femme en manteau de fourrure assise à côté de moi dans le métro et me disant sur un ton de complicité, alors qu'un type mendiait une pièce ou un ticket-restaurant en expliquant qu'il avait perdu son boulot et qu'il avait trois enfants à nourrir : « Qu'est-ce qu'on en sait ? On pourrait tous raconter la même chose ! »

Tous ?

Du côté de la droite, je vois une immédiate absence d'empathie, une forme d'insensibilité à l'autre, à sa malchance, à sa vulnérabilité. Les pauvres, les intermittents, sont des assistés qui profitent du système. Les trottoirs sont sales et les villes dangereuses avec ces sans-papiers et ces réfugiés qui y dorment : il faut les parquer ailleurs. Et, surtout, responsabiliser les gens. Qu'ils se secouent ! Après tout, eux-mêmes (les gens de droite) se lèvent chaque matin pour travailler, qu'ils aient la grippe ou non, et bossent jusqu'à huit heures du soir, sans s'écouter, sans complaisance. J'exagère, bien sûr : on peut défendre son portefeuille et servir des repas dans les Restos du Cœur. Mais je m'entends. Le discours de la responsabilisation est un discours de droite ; la méfiance par rapport au pauvre, à l'étranger, est un sentiment de droite.

Mais c'est l'Amérique pauvre qui a majoritairement voté pour Trump. Cette Amérique dépossédée s'est sentie écoutée par un homme qui s'opposait au système et aux élites. Elle a espéré qu'il allait la sauver. Que le milliardaire ait réussi à ne pas payer ses impôts pendant vingt ans en profitant d'une lacune dans la loi ne dérange pas cette Amérique-là : au contraire, cela prouve que Trump est un malin, qu'il connaît la valeur de l'argent. Quant à la gauche, entachée de corruption gouvernementale, de sentiment de supériorité et d'intellectualisme, elle s'est coupée du peuple. On pourrait dire qu'il n'y a plus de gauche et de droite dans un monde où les gens n'en peuvent plus des grands discours, des promesses non tenues, de la corruption, des inégalités croissantes et criantes, et cherchent juste à survivre. La démocrate Elizabeth Warren, dans un discours vibrant d'émotion, s'est déclarée prête à travailler avec Trump si en effet il n'avait pas menti et comptait tout faire pour rendre à cette Amérique pauvre les moyens de vivre. Mais elle a posé des limites claires, qui ont toutes à voir avec la dignité de la personne humaine.

Peut-être la différence essentielle entre la gauche et la droite tient-elle aujourd'hui au discours. Il y a des choses qu'on dit à droite et qui, à gauche, sont considérées comme obscènes. La gauche est d'abord une sensibilité. Être à gauche, c'est se montrer capable d'empathie, avoir le sens de la décence et le désir de justice sociale. J'ai du mal à imaginer qu'un romancier puisse ne pas être de gauche, puisque être romancier, me semble-t-il, c'est justement imaginer l'autre, se mettre à sa place, tenter de le comprendre. Il y a des limites, soit. On sait que le communisme n'a pas marché. Je n'ai pas encore rencontré le romancier ou l'homme de gauche invitant la famille de sans-abri dormant sur un matelas souillé devant son immeuble à le suivre dans son appartement pour s'y installer à long terme – ou même juste pour y prendre une douche et un repas chaud. Toute personne possédant quelque chose et ayant un enfant ne supportera guère que le gouvernement taxe l'héritage à cent pour cent. La possession reste l'obstacle aux meilleurs principes. Je me suis beaucoup énervée le jour où, rentrant des États-Unis il y a vingt-cinq ans, j'ai cherché partout chez mes parents ma couverture préférée, que mon frère adolescent avait donnée au clochard qui dormait au pied de l'immeuble. *Ma* couverture !

La nature humaine est à droite, sans doute. Il me semble que la gauche sert à cela : à réprimer en nous ce qu'il y a de pire. La gauche n'est pas forcément un premier instinct. Elle devrait rester un horizon, même après la chute des idéologies : la volonté de contrer le « chacun pour soi » et de protéger dans la société les plus vulnérables. Je n'ai pas envie de vivre dans un monde où cet horizon aura disparu. Il sera simplement trop laid.

Catherine Cusset est écrivaine.
Dernier livre paru : *L'autre qu'on adorait*, Gallimard.

Jean-Luc Mélenchon

Il y a une ou deux décennies, répondre à la question : « Qu'est-ce que la gauche ? » était simple. Car la réponse se trouvait dans la vie politique concrète elle-même. La gauche, c'était un espace politique, des partis, des organisations, et un corpus doctrinal commun autour duquel se construisait toute une circulation des êtres et des idées, avec des entrées et des sorties différentes. Aujourd'hui, en même temps que le lien social s'est fragmenté à mesure qu'il se précarisait, tout a volé en éclats : l'espace politique et le corpus. Ce qui est resté intact, en revanche, c'est que la gauche est le produit d'une situation interprétée par des individus. L'idée vient après la chose. Et, aussi loin qu'on remonte dans l'histoire, avant même que le mot « gauche » puisse être appliqué, on retrouve ces deux éléments : la position personnelle qui fait la gauche réelle, et l'idée qui rend compte de cette position et permet sa reproduction et sa permanence.

Antigone est de gauche, même si le concept n'existe pas. Elle oppose une raison humaine, un devoir personnel absolument irrépressible, à toute autre raison, y compris la raison d'État – et ce, même lorsque celle-ci se complique d'un lien familial : Créon est aussi son oncle. En toute situation, l'émancipation avec laquelle se confond la gauche commence par la contagion de l'acte émancipé. Et quelle autre racine a celui-ci, sinon l'exercice de la souveraineté sur soi ?

Cherchons la trace de la gauche dans l'histoire profonde pour en repérer le fil conducteur essentiel. On trouve alors, en remontant le temps et les structures sociales, une question sans cesse reposée : quelle est la légitimité de la décision qui s'impose à moi ? Cela va poser aussi bien la question de la légitimité de la loi, du règlement de la coutume, c'est-à-dire de circonstances extérieures à soi-même, que celle des normes et des règles que je m'impose de mon propre chef. Répondre individuellement à la question : « Qu'est-ce que j'accepte qui s'impose à moi ? », semble nécessairement plus facile : on ne dispute qu'avec soi-même. Et le simple fait de poser la question est déjà commencer à mettre à distance la sujétion : on n'est pas souvent dupe de soi ! Au fond, le tâtonnement tant qu'il n'implique que notre vie privée, la réponse à donner aux mille questions de l'existence commune, est souvent par la force des choses un compromis que l'on admet. Nous ne faisons que consentir à l'autorité de notre propre décision.

Mais nous vivons en société. La divergence des intérêts et des raisons d'agir est là ! Comment l'empêcher de détruire notre souveraineté ? Dans l'histoire, cette question a été bien longue à être réglée. Elle n'est pas facile à manier. Comment répondre à la question de la légitimité de la loi qui s'applique à tous, et parfois contre notre avis et nos convictions les plus profondément ancrées ? Car la loi ne dit pas seulement ce qui est interdit, elle punit qui tente de s'y soustraire. La force vient à son secours pour imposer le respect de la loi, même quand nous la réprouvons ou que ceux à qui on l'applique avec notre accord y sont absolument hostiles. Dès lors, on voit combien interdire est un sujet grave et lourd de conséquences. On voit pourquoi faire la loi est un sujet dont la qualité dépend si étroitement de sa source. Plus évidente est sa légitimité, plus grand est le consentement à son autorité. Si on le comprend, on voit mieux pourquoi la liberté et la loi ont partie liée. Et on voit en même temps pourquoi l'exercice de notre liberté restera toujours le moteur ultime de nos raisons d'agir.

Dès lors, on voit comment ces exigences ne peuvent converger autrement que dans la recherche de l'émancipation. Le mot est crucial. Il vient du latin *mancipium*. Le *mancipium*, c'est l'autorité du *pater familias* sur sa femme, ses enfants et tous ceux qui, dans cet ordre du monde, sont considérés comme des choses, justement, qui lui appartiennent, sur lesquelles il a droit de vie et de mort. *Ex mancipium*, c'est sortir de cette autorité extérieure qui a tout pouvoir sur vous. L'émancipé, c'est alors celui qui devient le maître de son histoire. Au sens d'abord juridique du terme. Mais on comprend bien que le *mancipium* de l'argent et, d'une façon générale, de l'ensemble de ce qui peut nous dominer ouvre un champ très large de raisons de sentir combien de fois notre liberté est mise en cause. On va vite découvrir qu'il n'y a pas émancipation individuelle sans émancipation collective. Pas de liberté pour chacun sans garantie de liberté pour tous.

Ici, je mets de côté la façon ontologique dont se forme l'identité philosophique de gauche. Car la volonté d'émancipation se prolonge aussi en soi dans la lutte contre soi, ses préjugés, et dans l'interrogation de ses certitudes qui nous arme pour réfuter les *mancipium* qui nous dominent comme des malwares… Je n'évoque que cette question de la légitimité de la loi et de la connexion qu'il peut y avoir entre le comportement individuel émancipateur et la pratique collective émancipatrice. Je le nomme. Car, à la fin, ça porte un nom. Cela s'appelle la vertu. La vertu n'est pas une affaire de mœurs. C'est un comportement individuel qui oblige de son seul chef à se conformer aux règles que l'on croit bonnes pour tous, y compris quand ce comportement va contre son intérêt personnel et contredit la loi en vigueur. Antigone va contre la loi du prince et contre son intérêt personnel. En ce sens, elle est vertueuse.

Je viens de décrire deux chemins. Comme homme politique, je suis conduit à m'interroger sur la source des décisions légitimes. La question n'est pas neuve. Dans un premier temps, les bons empereurs romains, malgré tout adossés aux formalismes de la République sénatoriale, pensaient que le bon exercice du pouvoir, c'était celui qui produirait la décision juste. Et que la décision juste, c'était la philosophie qui la rendrait possible. Que Platon se retrouve esclave dans le pays de celui qu'il conseillait a définitivement réglé le sort de cette méthode.

La légitimité de la loi reste bien la question essentielle, et on ne saurait la mesurer à l'aune de la bonne volonté du souverain. Le fil de la réponse émancipatrice court donc l'histoire, avec des périodes d'enterrement, des résurrections et des périodes entre chien et loup. En l'an mille, l'affirmation de deux blocs, chrétien et musulman, interrompt la circulation des idées qui depuis des siècles et des siècles animait tout le bassin méditerranéen, d'où est parti l'essentiel des constructions politiques. Ce fut une période d'éclipse en Europe. Heureusement, les Arabo-

Berbères musulmans ont sauvé le processus de transmission séculaire des Méditerranéens : ils ont collectionné les livres et permis leur traduction. Ils ont sauvé la jonction entre l'Antiquité sachante et les âges suivants. Pendant ce temps, l'Europe chrétienne engloutit sous des enluminures pieuses les calculs d'Archimède et masque un chemin qui prendra deux siècles à être reconstitué. Averroès, le premier, entreprend de penser la relation entre la vérité révélée et celle que produit la raison humaine.

Chez nous, cette idée renaît fortuitement des croisades – avec elles, les chrétiens découvrent la chimie, les mathématiques, la physique. Ils sont alors confrontés très directement au constat de l'existence d'une double vérité. Y en a-t-il une de trop ? On connaissait celle qu'enseignait l'Église au nom de la Révélation, on découvrait la cohérence de celle qu'on trouve avec son seul cerveau. Elles ne correspondent pas toujours ! Mais, comme « pourtant elle tourne », la Révélation va épuiser sa dynamique, car elle est incompatible avec la discussion même qui l'interroge. Qu'est-ce que la Révélation sous le fouet du doute ou du raisonnement ? Une superstition comme une autre. Le *mancipium* suprême s'efface dans la lumière comme l'ombre qu'il porte.

Dans le XVIe siècle magique de la Renaissance, nourri du retour des textes antiques en Europe, pointe la résurgence du courant « libertin », celui de la liberté de conscience. Il diffuse et infuse bien rapidement, et l'orée du XVIIe siècle est illuminée par des textes aussi magnifiques que *Les États du soleil et de la lune* de Cyrano de Bergerac et ces formules définitives : tout pouvoir qui se réclame de Dieu est une imposture. S'il n'y a pas une norme suprême, extérieure à nous, qui provient d'une vérité révélée, il ne nous reste plus qu'à la trouver en nous. Déchirante obligation : vivre sous l'empire du doute jusqu'à découvrir qu'il n'est pas le problème, mais la solution pour penser librement, et ancre sa propre liberté en lui. Dans l'ordre collectif, la conséquence est énorme ! Si la vérité est définitivement incertaine et changeante, ce qui est juste l'est tout autant. Qui peut en décider, puisqu'il le faut pour vivre ensemble autrement que sous l'empire du plus fort ? La légitimité de la décision ne peut être que le résultat de la délibération collective, c'est-à-dire de la mise en partage argumentée des raisons d'agıı et d'organiser la cité. Cette nouveauté ne convient pas à beaucoup, car elle revient à renverser l'ordre social sur lequel ils étaient adossés. C'est pourquoi le processus des Lumières est, depuis le début, un processus insurrectionnel. C'est en France que, pour finir, se produit l'explosion ouvrant l'ère moderne, selon le mot de Goethe.

De ce big-bang fondateur résultent la droite et la gauche. À l'origine de cette rupture dans l'histoire, vue du sol des événements et non dans le ciel des idées, comme je viens de la parcourir, il y a un moment dramatique. C'est celui de la réponse à la question essentielle du droit de veto du roi, posée pendant la Grande Révolution de 1789. Ce droit de veto contient l'idée que le peuple peut délibérer, mais qu'il existe une raison supérieure à lui : le roi, lui-même investi par Dieu. Pour forcer la main, le roi de France, Louis XVI, provoque une scène de type biblique. Il se lève devant l'Assemblée, invitant tout le monde à en faire autant. Il ordonne la répartition de la salle : à droite les partisans du droit de veto, c'est-à-dire ceux qui admettent ce principe supérieur à la délibération libre, incarné par l'autorité royale mandatée par Dieu ; et, de l'autre côté, ceux qui proclament que la seule décision légitime, c'est celle qui résulte de la délibération du peuple. Les partisans des deux souverains se mesurent. À droite, les élus de Dieu. À gauche, les damnés. Ce sont les damnés qui gagnent. La souveraineté sur soi et sur le groupe auquel s'impose la loi n'a pas d'autre limite qu'elle-même.

Idéologiquement, la signification du processus révolutionnaire naît à ce moment-là, quand bien même sa racine est dans les faits matériels et les rapports sociaux de cette époque. Tout le reste s'en déduit. Le seul souverain légitime, c'est la délibération collective et le peuple. La Déclaration des droits de l'homme fournit à la fois le cadre de cette émancipation et son objet ultime. L'émancipation se réalise dans le respect des droits inaliénables de l'homme et du citoyen. Mais les droits de l'homme sont placés sous la protection de la citoyenneté. Ils n'existent vraiment qu'autant qu'elle les met en actes. C'est pourquoi les discours sur les droits de l'homme sont si souvent des paroles creuses tant qu'on oublie le lien qu'opère la formulation initiale : « droits de l'homme *et du citoyen* »... Car les droits du citoyen sont ceux de l'être social. Et l'existence sociale se déroule dans un rapport social de classes se disputant la richesse disponible. Si ce rapport de classes devient premier dans l'ordre des émancipations à effectuer, c'est parce qu'il met en cause le droit à l'existence d'une partie de la société. Raison pour laquelle la première constitution républicaine le place au sommet de la hiérarchie des normes.

Ainsi s'enchaînent les moments du concept de gauche. La gauche est à la fois une idée et une pratique individuelle. Il n'y a pas de République sans républicains. Il n'y a pas de vertu sans vertueux. Il n'y a pas de droits de l'homme sans l'exercice du pouvoir des citoyens, et d'eux seuls, sur eux-mêmes.

Cette logique va s'incarner dans des cultures très diverses, dans des histoires différentes. Cette diversité souligne les mécanismes communs en jeu. Entre le monde méditerranéen des cités et de la citoyenneté urbaine et le monde du Nord avec les mécanismes coutumiers d'égalité tribale, ce sont bien deux formes différentes du rapport à la liberté individuelle et à l'autorité politique. Ces deux formes vont trouver peut-être une manifestation criante dans la confrontation des deux principes : Liberté/Égalité/Fraternité, organisant la République française, et *Dem Deutschen Volke*, la République fédérale allemande. Dans le premier cas, on va édifier un principe d'organisation politique universel, transposable à n'importe quelle cité, et cela donnera le droit du sol. L'autre repose sur le *Volk*, le peuple au sens d'ethnie élémentaire, et sur le droit du sang. Dans mon esprit, les deux ne sont pas d'égal intérêt. Mais ils correspondent à des situations universellement constatables. Dans la durée, c'est le principe universaliste qui va le mieux définir la gauche, qui va le mieux permettre la continuité du processus émancipateur. Partout, le *Volk* a été mis en cause par la dynamique de la cité citoyenne. L'unification des consommations, des modes de vie, l'urbanisation qui met en réseau des centaines de milliers de personnes qui ne se connaissent pas, mais qui en dépendent toutes, ont approfondi la dilution du *Volk*. L'uniformisation de la civilisation humaine est l'accélérateur de cette histoire, et je vois bien les chocs en retour qu'il engendre. Car, à présent, la cité autant que le *Volk* sont en voie de dissolution. L'Agora se dissout dans le marché et le citoyen s'évapore dans le client.

Notre période est avant tout le moment de cette tension, de la dissolution du *Volk*, du peuple au sens ethnique autant que politique du terme. C'est cette grande tension qu'a créée la mondialisation. Autrefois, on repérait les habitants d'une région, d'une ville, à la forme de dentelle qu'ils portaient, à la forme de leurs chapeaux ou à la couleur de leurs chaussures. Tout ça, c'est fini. C'est un choc pour notre génération. Mais la dissolution de la citoyenneté dans la clientèle et de la démocratie dans le marché en est un autre bien plus terrible. Il arrive que les deux soient confondus dans la frustration des citoyens. Ici, on s'arme pour en finir avec ce qui bouscule la tradition, prenant l'effet pour la cause. Là, au contraire, on discerne leur cause commune dans le modèle économique dominant. Deux chemins se présentent alors. Celui de gauche ne se décrète pas. Il se constate.

Je veux me concentrer sur la personne qui met en œuvre l'idée. Sans elle, de quoi parlerait-on ?

Je veux montrer comment le point où s'articulent l'émancipation collective et l'émancipation individuelle, c'est bien la vertu comme pratique. Dans ce cas, l'idée d'émancipation et la forme de l'émancipation attendue sont approfondies dans une direction collective. La gauche, c'était d'abord la démocratie contre la monarchie, libérer la société humaine du pouvoir absolu ; puis, avec la généralisation du capitalisme, la libérer du pouvoir de l'argent et des inégalités. Dans cette histoire concrète, l'idée a suivi ceux qui la portaient de la façon la plus claire. Si bien qu'elle glisse des partisans de la monarchie constitutionnelle vers les républicains, des républicains vers les socialistes, des socialistes vers les communistes, et des communistes vers les écologistes humanistes. Chaque époque aura engendré ses compromis et ses disciplines de vote commun entre les familles politiques. Elle aura aussi produit ses synthèses, qui formeront autant d'hégémonies culturelles dans leur temps. C'est à celle de notre temps que je veux contribuer avec mon livre *L'Ère du peuple*.

Ce chemin est un cheminement, c'est un ensemble de luttes. Au fond, la gauche existe d'abord dans la lutte. Cette lutte va toujours renouer avec les mêmes ressorts fondamentaux de la communauté humaine. Qu'est-ce qui l'emporte ? Les devoirs de la solidarité ou les droits de la compétition ? Le thème s'élargit quand la contradiction principale qui mine la communauté humaine vient de l'incompatibilité du niveau de prédation qu'elle opère sur l'écosystème dont elle dépend. Elle doit alors se penser non comme collection d'individus, mais comme espèce en danger. La société politique commence toujours avec le problème qu'elle doit régler pour se conserver. Au début, quelle est la légitimité de la loi ? C'est d'abord que celui qui la décide et l'applique est le plus fort. Mais la loi de la force est épuisante et incertaine, pour qui la met en œuvre comme pour qui la subit. La loi divine est plus commode, puisqu'elle place les ressorts de l'obéissance dans la volonté individuelle de bien faire plutôt que dans le rapport de forces permanent. Puis on va vers la délibération collective et la société politique, civique. Reste que, dès la première minute, au premier instant, la loi du tyran bute sur la résistance de l'individu, qui ne s'y soumet pas si facilement. Il faut l'y contraindre. Et, sans cesse, on revient à la question : pourquoi je m'y soumets ? Et est-ce que j'accepte de m'y soumettre ?

Alors, on peut faire ce qu'on veut, prendre le problème par le bout qu'on veut : la gauche reste un des réflexes de la société humaine pour garantir son évolution. Elle se reconstitue tout le temps au feu de la liberté spontanée de la conscience. La droite, c'est le consentement, l'ordre établi et l'inépuisable volonté de le prolonger. La gauche, ce sera toujours la petite voix irrépressible qui dit non ; déchirer le voile de l'évidence et ouvrir la fenêtre ; devant le dominant, fixer l'horizon plutôt que ses pieds. C'est l'insoumission qui fait la gauche. Qui la recrée. Et c'est la vertu qui la maintient.

Jean-Luc Mélenchon est député européen.
Dernier livre paru : *L'avenir en commun*, Le Seuil.

Karine Tuil

Revenir aux origines, au chaos intime – une histoire familiale de l'exil. De la survie en milieu hostile. L'histoire d'un homme et d'une femme, à peine majeurs, contraints de quitter leur pays en raison de ce qu'ils appelaient avec une pointe d'accent tragique dans la voix « les événements ». L'éternel récit du déraciné et de sa capacité (ou non) à se reconstruire ailleurs, sur une terre qui l'accueillera/le rejettera. (Répéter la parole familiale, telle qu'elle nous a été transmise : *nous ne possédions rien, nous avions tout à bâtir, nous avons travaillé là où l'on voulait de nous, nous avons été aidés par des proches, des associations, nous avions l'espoir d'une vie meilleure*.) C'est à cette époque que ma mère avait pris, comme elle aimait le raconter, sa « carte au PS ». La gauche, pour ces immigrés d'Afrique du Nord désireux de devenir de « parfaits Français », c'était une certaine idée de la France : une France forte, généreuse, humaniste, soucieuse d'altérité. La gauche, pour ces deux jeunes juifs qui avaient quitté leur terre d'enfance après avoir entendu des hommes défiler dans les rues aux cris de « À mort les juifs ! », c'était la défense des plus fragiles, une garantie de justice sociale, la meilleure incarnation de la devise « Liberté, Égalité, Fraternité » – une exigence morale. La gauche, pour ces idéalistes qui avaient dû renoncer à leurs études pour travailler et gagner leur vie, soutenir leurs familles dont ils avaient la charge, c'était le refus des déterminismes sociaux, la possibilité de la reconstruction. L'avenir.

Karine Tuil est écrivaine.
Dernier livre paru : *L'Insouciance*, Gallimard

Marc Crépon

Il est de bon ton aujourd'hui de renvoyer aux oubliettes de l'histoire la distinction entre la gauche et la droite, comme si, dans un monde globalisé qui réduit la marge de manœuvre des gouvernements, elle perdait toute pertinence. Mais il suffit d'avoir suivi les débats organisés par la droite, à l'occasion de ses primaires, pour qu'apparaissent en creux quelques-uns des principes fondamentaux qui devraient conserver à la gauche son « identité », à supposer qu'elle sache encore s'en réclamer et les défendre sur la place publique. Ce que la droite promet, en effet, ce sont des mesures économiques et sociales qui, loin de revenir sur les inégalités qui fracturent la société, loin de corriger, par des mesures de protection renforcées, la misère matérielle, symbolique et spirituelle qui est l'effet premier de cette fracture, s'en accommode au contraire au nom d'une supposée nécessité de l'histoire. Elle fait le pari que, dans un avenir incertain, les sacrifices qu'elle exigera de ceux pour lesquels ces mêmes mesures se traduiront par un surcroît d'insécurité auront des effets salutaires et que, après avoir bénéficié à ceux qui, en réalité, ne craignent jamais grand-chose (et surtout pas de voir compromis leurs privilèges et leurs certitudes), elles finiront par profiter également aux plus défavorisés qui cesseraient d'en être les victimes.

Ce pari qui est, dans le fond, celui d'une « casse sociale » nécessaire, au nom de dogmes économiques imposés comme une vérité, c'est celui que la gauche ne peut pas (et ne doit pas) faire. Voilà le refus principiel qui la définit ! Elle ne saurait parier sur le « travail du négatif » qui appartient à l'idéologie conservatrice de la droite et selon laquelle il faut du négatif (moins de protection, moins de sécurité, moins de soutien et de secours) pour parvenir à du positif (le « redressement économique »). Rien ne le garantit, en effet – et ce pseudo-travail du négatif, effectivement destructeur, est d'abord l'objet d'une croyance. Il est ce à quoi la droite demande à ses électeurs de *croire*. C'est pourquoi il séduit d'abord ceux et celles qui ne risquent pas d'y perdre grand-chose. C'est ce qui fait du capitalisme et du libéralisme économique un *dogme*. La ligne de partage entre la droite et la gauche sépare donc, de façon principielle, la croyance des uns (la droite), aveugle et sourde aux effets positifs (quand bien même destructeurs) du dogme, et l'incrédulité, le scepticisme ou la révolte des autres (la gauche) qui ne sauraient s'en accommoder. Ainsi s'ouvre la porte d'une critique du libéralisme et du capitalisme, comme idéologies, sans laquelle il n'y a pas de « gauche » digne de ce nom.

Ce refus, c'est un lien qui est vital pour la gauche, un lien qu'elle a perdu (ce qui fait dire, un peu vite sans doute, qu'elle a disparu), et qu'elle devra retrouver, si elle veut regagner un jour les suffrages de ceux et celles que, au fil des cinq dernières années, elle a déçus et détournés d'elle. Il repose sur le sentiment commun qu'un ensemble précis d'inégalités de conditions (celles que définit l'accès au logement, au travail, à l'éducation, aux loisirs, au temps libre, aux biens matériels) constituent une injustice qui, avant toute considération économique et sociale, doit être perçue et vécue pour ce qu'elle est : une réalité insupportable. Ainsi l'« identité » de la gauche s'est-elle forgée, au fil du temps, dans la conviction partagée que la politique trouve son sens dans la volonté de faire reculer le « seuil de tolérance » de la société, dans tous les domaines. « Intolérable », fit-elle savoir un jour, le travail des enfants ! « Intolérable », une durée du travail qui ne laisse aucune respiration dans la durée des jours ! Intolérable la discrimination des droits et des libertés, au nom de la « morale », de l'« identité » ou de la « sécurité » ! « Intolérable », la conservation de la peine de mort dans l'arsenal des châtiments ! Jamais ce recul n'alla de soi. Il fit l'objet d'une lutte mobilisant à chaque fois tous les domaines de l'expression : les ressources de la parole publique, du militantisme, associatif et politique, mais aussi de la littérature et des arts. Aucune n'était de trop pour vaincre les résistances auxquelles son progrès s'opposait – celles-là même qu'organisent les forces du « conservatisme ».

Ce que conteste aujourd'hui l'offensive idéologique de la droite et de l'extrême droite (elles qui voudraient renvoyer la gauche aux oubliettes de l'histoire), c'est qu'il puisse encore résulter une dynamique positive du combat contre les inégalités économiques et sociales, mais aussi de la protection des libertés contre les fantasmes sécuritaires qui la menacent et les passions négatives que ceux-ci entretiennent, enfin de la défense intransigeante d'un principe de solidarité et de fraternité qui ne s'accommode d'aucune forme d'exclusion et de discrimination. Et ce qui est grave, c'est que la gauche depuis cinq ans se soit montrée incapable de porter le flambeau d'une espérance, pourtant vitale, dans les bienfaits de cette dynamique. C'est sur le terrain idéologique de la droite (aspirée par les valeurs de l'extrême droite) qu'elle s'est située, sans être en mesure, à aucun moment, d'imposer une autre voix, d'autres critères, d'autres paramètres. Elle n'aura pas su faire *valoir*, avec force et courage, une pensée, un discours et une action délibérément opposés au triple piège inégalitaire, sécuritaire et identitaire tendu par la droite – c'est-à-dire sans avoir jamais su lui opposer, au bout du compte, les mots et les symboles qu'on attendait.

Il est enfin un dernier critère qui appartint longtemps à l'identité de la gauche – et qu'elle ne devrait pas oublier : rien de moins qu'un sentiment de solidarité spontanée avec tous ceux qui furent (et sont toujours), partout dans le monde, les victimes de l'oppression et de la misère. Sans doute est-il arrivé à la gauche (que cela divisait) de s'égarer elle-même et d'apporter son soutien à des régimes de terreur, dont l'esprit révolutionnaire lui faisait fermer les yeux sur les violences dans lesquelles telle révolution s'abîmait. Mais, d'une façon générale, l'idée qu'elle se faisait de la fraternité la plaçait d'emblée du côté des réfugiés, des exilés. Elle savait d'instinct que leur accueil fut de tout temps le creuset d'une « identité nationale », dont la force était de ne jamais rester identique à elle-même, s'irriguant des formes de vie, des langues et des cultures, des arts et des lettres qui venaient l'enrichir et la transformer. Cette promesse d'une ouverture continuée, c'était une partie de l'espérance qu'elle portait dans le monde. Rien ne serait plus terrible que de la voir se refermer.

Marc Crépon est directeur du département de philosophie de l'ENS. Dernier livre paru : *L'Épreuve de la haine : essai sur le refus de la violence*, Odile Jacob.

Arthur Dreyfus

A comme Angle

L'étudiant : « Être de gauche ? Je pourrais te donner une réponse, mais tellement de gens ne seraient pas d'accord. En fait, il n'y a pas de définition *objective* de la gauche ou de la droite. Selon l'angle de ta réponse, tu es *déjà* de gauche ou de droite. »

B comme Bien

La gauche croit qu'elle est du côté du bien. Cette croyance, transformée en idéologie, peut la faire perdre à son propre jeu : *Comment le camp du mal pourrait-il l'emporter ?*

C comme Caviar (et comme Culture)

Le lecteur de *Libé* : « La *gauche caviar*, ce n'est pas vouloir gober tout le caviar, c'est rêver qu'un maximum de gens le partagent avec toi. » (Quant à la culture, je veux espérer qu'à gauche elle soit toujours davantage qu'une) parenthèse.

D comme Déni

L'amie d'enfance : « La gauche, c'est le déni de réalité. » Je me figure qu'elle désigne ces droits *universels* de l'homme, hier et aujourd'hui foulés aux pieds pour protéger telle ou telle fiction confortable. Mais l'amie reprend : « Je ne dis pas ça négativement : je suis de gauche. De façon positive, on pourrait parler de *remise en cause* de la réalité. Le slogan de Fidel Castro, imprimé sur tous les murs de La Havane, résume bien cela : *Le socialisme rend possible l'impossible.* »

E comme Esthétiquement

À dix-huit ans, ma cousine Irène vivait chez ses parents à Arras et militait pour l'UMP. Aujourd'hui, Irène étudie les lettres à Paris. Elle mange bio, elle écoute de la musique indépendante, elle aime les films de Xavier Dolan, elle fréquente les galeries d'art, elle s'habille chez APC, elle boit des bières avec ses amis le long du canal Saint-Martin – et elle vote à gauche. Son vote est-il sincère ? Une chose est sûre : en aucun cas Irène ne pourrait se permettre, *esthétiquement*, de voter à droite.

F comme Fric

Le fric est de droite, les subventions sont de gauche. Le luxe est de droite, le raffinement est de gauche. La richesse est de droite, la pauvreté est de gauche. Quoi qu'il en soit, à droite comme à gauche, l'argent est au cœur des préoccupations. Lorsque la gauche réclame *plus d'aides pour la culture, plus de moyens pour les hôpitaux, une meilleure prise en charge des chômeurs*, elle entérine malgré elle un système dominé, construit, maintenu par l'argent. Je ne dis pas que c'est mal : je dis qu'il serait utopique d'attribuer une couleur politique à la « notion d'argent ». J'ajoute que, en ce sens, la *décroissance* demeure l'une des seules véritables idées de gauche.

G comme Garde-fou

Le militant mélancolique : « Ces dernières années, la gauche s'est trop souvent définie par défaut, comme garde-fou contre le libéralisme de la droite ou la violence de l'extrême droite. Moyennant quoi, dans l'imaginaire des gens, la droite *propose* quand la gauche *s'oppose.* » Et il murmure : « Être de gauche aujourd'hui, c'est ne plus croire à la gauche. »

H comme Homosexuel

Si je n'étais pas homosexuel – si mon appartenance à une *minorité* n'avait pas bouleversé mon rapport à la société –, serais-je *de droite* ?

I comme Inégalités

Le Français le plus pauvre est cent fois plus riche que son homologue bangladais. Comment être *de gauche* depuis Paris quand 750 millions d'humains souffrent de la faim dans le monde ? Comment consentir, sans honte et sans culpabilité, à être quotidiennement nourri, logé, chauffé ? Comment plaindre sans hypocrisie le SDF qui meurt de froid en bas de chez soi ? Un optimiste estimerait : « Être de gauche, ce n'est pas s'imposer la misère, mais s'efforcer de la faire reculer chez les autres. » Un pessimiste rétorquerait : « Le seul véritable homme de gauche fut Jésus. » Et Raymond Aron conclurait : « L'adhésion à un régime réel, par conséquent imparfait, nous rend solidaires des injustices ou des cruautés dont aucun temps et aucun pays n'ont été exempts. L'authentique Occidental est celui qui n'accepte totalement de notre civilisation que la liberté qu'elle laisse de la critiquer et la chance qu'elle offre de l'améliorer. »

J comme Jour

Le rêveur : « La gauche est du côté de ceux qui inventent, chaque jour, *de nouveaux droits de l'homme.* »

K comme Kératine

On n'échappe pas aux caractéristiques de la kératine – protéine déterminant la nature de nos cheveux –, qui sont transmises génétiquement. En revanche, on est de gauche *comme* ou bien *contre* ses parents.

L comme La seule gauche

La voix – encore – de Raymond Aron : « Les hommes de gauche commettent l'erreur d'imaginer une fictive continuité, comme si l'avenir valait toujours mieux que le passé, comme si, le parti du changement ayant toujours raison contre les conservateurs, l'on pouvait tenir l'héritage pour acquis et se soucier exclusivement de conquêtes nouvelles. Quel que soit le régime, traditionnel, bourgeois ou socialiste, ni la liberté de l'esprit ni la solidarité humaine ne sont jamais assurées. [...] Pourquoi la réconciliation de tous les hommes devrait-elle sortir de la victoire d'une seule classe ? [...] La seule authentique révolution ne viserait pas à remplacer un pouvoir par un autre, mais à renverser ou du moins à humaniser tous les pouvoirs. [...] Et la seule gauche, toujours fidèle à elle-même, est celle qui invoque non la liberté ou l'égalité, mais la fraternité, c'est-à-dire l'amour. »

M comme Mots

Le photographe : « Être de gauche, c'est croire au pouvoir performatif des mots. »

N comme Nature

Pour Rousseau, l'homme est naturellement bon, c'est la société qui le corrompt. Pourtant le darwinisme, *naturel* par excellence, reste la victoire du fort sur le faible. Raisonnons à l'envers : si les hommes naissent bons, à quoi bon imposer des lois qui les obligeraient à s'entraider ? Un égoïste qui aurait conscience de son égoïsme voterait-il à gauche *contre* lui-même ? Un homme naturellement généreux et assez naïf pour croire à la bienveillance généralisée voterait-il à droite *pour* lui-même ?

O comme Otto von Bismarck

C'est Bismarck – un conservateur, que l'on considérerait aujourd'hui comme un homme *de droite* – qui crée la sécurité sociale, mais pour des motifs pratiques : il s'agit de renforcer l'efficacité de l'industrie allemande (un travailleur en mauvaise santé ne travaillant pas bien), mais aussi de barrer la route à des alternatives socialistes plus radicales en la matière. Une mesure *de gauche* imposée par un homme *de droite* pour des motifs *de droite* est-elle encore *de gauche* ?

P comme Pulsion de mort

Et si la droite, dans sa haine de la paresse, de l'improductivité ou de l'« assistanat », exprimait sa peur de la *pulsion de mort* ? Ce concept freudien, qui rappelle que « tout être vivant meurt nécessairement par des causes internes », suppose l'existence d'un « masochisme primaire ». La mort, précédant la vie, en deviendrait le but fondamental et secret, vers lequel nous conduirait une part « démoniaque » (quoique laïque) de nous-mêmes – qui expliquerait « les retours périodiques de la barbarie dans le monde ». Pour se préserver de ce démon, l'homme bénéficierait d'un instinct de conservation et de reproduction, nommé *libido*. « Quel est donc cet étrange et scandaleux désir de souffrir qui semble mettre en échec la tendance profonde de la vie ? » s'interroge la psychanalyste Geneviève Vialet-Bine. Là se situe peut-être le déni de la droite, quand la gauche agréerait le *désir de perdre* (ou l'incapacité à *gagner*). Concevoir la souffrance des autres exige d'envisager sa propre souffrance. Reconnaître que la vie n'engendre pas uniquement de la vie (du succès, de la croissance) oblige à admettre la puissance de la mort. L'immortalité (la France éternelle) serait de droite, quand la France qui change (qui meurt) serait de gauche. « Être de gauche, tranche Gilles Deleuze, c'est savoir que ça ne peut pas durer. »

Q comme Quantique

Ce point quantique où la gauche et la droite les plus despotiques entrent en contact, débondant le trou noir où s'abîment tous les âges.

R comme Richelieu

Quand je demande : « Qu'est-ce qu'être de gauche ? », la réponse la plus courante est : « C'est vouloir aider les pauvres. » Je me remémore la phrase de Richelieu : « Il faut faire payer les pauvres parce qu'ils sont plus nombreux. »

S comme Sacré

Ma gauche ne prête allégeance à aucune religion. Elle ne moralise pas le désir charnel. Ses intérêts sont contraires à ceux de Dieu, qui craint la liberté.

T comme Test

Entrez dans un café à Paris. Demandez gentiment au patron si vous pouvez *utiliser les toilettes*. Il y a de grandes chances pour que celui qui vous répond : « Réservé aux clients », ne soit pas de gauche.

U comme Unique

Être de gauche, c'est partir du principe que chaque individu est unique. C'est refuser les catégories. C'est déchiffrer le monde sans *se dupli-*

quer en l'autre, sur la seule foi de son équivalente humanité. Au même instant, le petit génie m'écrit : « Être de gauche, c'est renouer avec ses frères tout en se sachant fils unique. »

V comme Victoire

Si mes grands-pères sont de droite, c'est (aussi) parce que de Gaulle leur a *sauvé la vie*. Tous deux furent résistants, le père de ma mère fut déporté : dans la famille, le traumatisme de la guerre est un étalon qui permet de rapprocher les totalitarismes entre eux, rappelant que les goulags de Staline *ne valaient pas mieux* que les camps nationaux-*socialistes*. L'hostilité entre le Général et les communistes, les pèlerinages de François Mitterrand sur la tombe de Pétain ou les saillies antisémites du *héros Jaurès* achevant d'incriminer la gauche dans sa globalité.

W comme Web

Être de gauche, c'est préférer la liberté à la sécurité. C'est fêter le lanceur avant son alerte. C'est essayer (en vain) d'empêcher nos gouvernements d'espionner le Web *pour la bonne cause*.

X comme Xylophone

À la question : « Qu'est-ce qu'un xylophone ? », chacun a *la réponse*. À la question : « Qu'est-ce que la gauche ? », chacun a *sa réponse*. Une question possédant autant de réponses que de fois qu'on la pose mérite-t-elle d'être posée ?

Y comme Yucatán

Enfance : le chien de la famille s'appelle Yucatán, il est roux, c'est un cocker anglais. Pendant longtemps, je suppose que les chiens sont de droite et les chats de gauche. Le chien affectionne le dressage, il est pataud, joueur, glouton, et prend de la place. Le chat ne supporte pas la laisse, il est distingué, *intellectuel*, subtil, et réclame chaque jour de nouveaux droits – qu'il obtient. Les chats accompagnent les écrivains solitaires, les chiens les familles à monospace. Je repense à Cocteau qui n'a jamais vu *de chat policier*. Mais un jour, je fais une rencontre décisive : un siamois tombe amoureux de moi. J'apprends à vénérer le caractère imprévisible (anarchiste) des chats. Je décide de récuser la sotte et stérile opposition des chats aux chiens. Pourquoi choisir ? J'aime les chiens et les chats. La même année, je vote Bayrou.

Z comme dans Bizarre

La droite aime l'ordre. La gauche a (devrait avoir) le goût du bizarre.

Arthur Dreyfus est écrivain.
Dernier livre paru : *Sans Véronique*, Gallimard.

Aurélie Filippetti

La gauche ?

Il y est question d'égalité, bien sûr, et d'inégalités.

Égalité au singulier et inégalités au pluriel. Le singulier est un concept alors que le pluriel rend concret.

Mais le passage au concept n'est pas synonyme d'éloignement ; au contraire, il englobe, il embrasse, il subsume, il réunit toutes les situations sous un même vocable qui ouvre un horizon à la compréhension. L'égalité rend intelligible la démocratie. Son sens profond, sa raison d'être.

L'égalité est au cœur de la gauche parce qu'elle est le point de départ de sa pensée de la société. Nous considérons qu'il existe un principe d'égalité initiale entre tous. Une égalité ontologique entre les êtres. Cela est aussi partagé par la droite républicaine qui adhère, bien évidemment, à la belle rédaction de la Déclaration des droits de l'homme : « Les hommes naissent et demeurent libres et égaux en droits. »

La différence, c'est que la gauche en fait aussi une téléologie politique, autrement dit un objectif à atteindre par des politiques publiques adéquates. Là où la droite considère les inégalités sociales, économiques, culturelles, comme tout aussi consubstantielles et nécessaires au fonctionnement de la société.

Il y a donc une énergie nécessaire à la gauche, fondée sur ce constat : la réalité du monde ne correspond pas à l'exigence des principes. Il faut se battre contre l'ordre des choses tel qu'il est. Ne pas l'accepter. D'où cette révolte intrinsèque, cette indignation salutaire, au cœur de nos engagements. La gauche doit bouger, avancer, innover, inventer. Le conservatisme, c'est se satisfaire des situations qui nous ont été données.

Regardez le monde autour de nous : l'indignation ne signifie pas que l'on soit inapte à savourer le bonheur du temps présent.

L'inégalité n'est insupportable que lorsqu'elle entraîne l'injustice. Qu'il y ait des différences, c'est une évidence, entre hommes et femmes par exemple, entre capacités des élèves à tel ou tel apprentissage. En revanche, que ces différences génèrent des injustices dans le traitement réservé à chacun, cela est intolérable. Et il ne s'agit pas de leçons de morale, contrairement aux critiques parfois formulées. Être de gauche, ce n'est pas agir au nom d'une transcendance, mais en raison d'un humanisme profond, qui part de la situation de chacun. Cet humanisme est toujours un pragmatisme. Chercher à donner à l'homme les moyens de réaliser ce qu'il est, tel est notre objectif. Et il ne s'agit pas de déclaration d'intention. C'est un travail. Lent et sans cesse remis sur l'ouvrage.

Le travail de la gauche, c'est de faire advenir ce qui est, à savoir l'égalité. C'est une constante conquête dont nul ne tracera jamais la limite. Car il n'y a pas de limite à l'espoir. Pas de limite à l'ambition humaine. Oui, cet humanisme est un progressisme. Avancer, toujours, patiemment, sur la voie de l'épanouissement individuel, mais aussi du bien-être collectif. C'est éternellement moderne.

Aurélie Filippetti est députée de Moselle.

Michaël Fœssel

Cela commence mal pour la gauche. Le mot, déjà, est suspect : il évoque la confusion, l'inexpérience, la maladresse, bref la gaucherie. La langue italienne le dit plus clairement encore : *sinistra*. Par opposition, on confie à la droite l'adresse, la rectitude et le sens de l'ordre. Lorsque, en août 1789, les députés de l'Assemblée constituante favorables au droit de veto du roi rejoignent les bancs situés sur la droite, ils ont conscience d'occuper les places d'honneur. Leur géographie est celle de l'évidence : peut-on imaginer un monarque se soumettant au pouvoir législatif du peuple ? La (droite) raison n'indique-t-elle pas depuis toujours que l'État a besoin d'un chef incontesté ? Aux députés qui contestent le veto du roi, il ne reste que la partie sinistre de la salle : une situation idéale pour des enfants capricieux qui prétendent mettre le monde sens dessus dessous.

Cette maladresse congénitale, la gauche a passé son temps à vouloir la corriger. Édifiant des théories systématiques ou décrivant des révolutions inévitables, elle n'a cessé de donner des gages. Il lui a fallu montrer qu'en dépit des apparences elle était du bon côté du manche et qu'elle n'avait rien à envier à la droite en matière de réalisme. Pour parvenir à ce but, la gauche a investi les deux grandes puissances modernes de l'ordre : l'État et la technique. Comme on la suspectait de ne « pas savoir faire », elle a utilisé les dispositifs offerts par le capitalisme moderne pour montrer sa capacité à gouverner. Tout au long du XXe siècle, la gauche a ainsi fixé les objectifs qui devaient la réconcilier avec le réel : prise du pouvoir d'État (par la révolution ou par l'élection), puis utilisation des moyens disponibles (administration, machines, industrie) afin de réaliser ses objectifs.

Ces tentatives ont abouti au pire et au meilleur. Le jugement sur l'action historique de la gauche ne cesse d'être pris en tenaille entre le goulag et les congés payés. Je ne ferai pas ici le récit des heures sombres et des pages glorieuses. Je ne reprendrai pas non plus l'antienne selon laquelle, une fois parvenue au pouvoir, la gauche serait condamnée à trahir ses idéaux. Je me contenterai de suggérer que la gauche devrait se souvenir de sa maladresse native. Qu'elle mise sur la logique de l'État ou sur les évolutions de la technique ne devrait pas lui faire oublier qu'elle trouve son origine dans un inconfort vis-à-vis du fonctionnement de la société. Il n'y a pas d'administration de gauche, plutôt des services publics destinés à renforcer la société civile. Le progrès n'est pas davantage inscrit dans les processus techniques dont nous savons, désormais, qu'ils peuvent très bien fonctionner sans l'homme.

Pour la gauche, tout commence par un embarras. On a raison de dire que cet engagement politique est indissociable de l'amour de l'égalité. La liberté est une valeur transpartisane, le propre de la gauche est de postuler que l'approfondissement des droits est illusoire sans un souci égalitaire qui l'accompagne. Mais d'où vient le refus des inégalités, sinon du malaise devant un monde qui en est saturé ? Il faut ne rien comprendre au partage des richesses à l'œuvre dans la société pour envisager de le remettre en cause.

Cette incompréhension est seulement un point de départ. Elle devient politique lorsqu'elle permet d'acquérir une plus grande lucidité : on commence à voir ce qu'il faut faire quand le « système » ne fonctionne plus.

Pour Gilles Deleuze, être de gauche est une affaire de perception : je perçois d'abord l'« horizon », puis ma « nation », puis mon « village », puis ma « rue », enfin seulement « moi-même ». À l'inverse, être de droite consiste (comme c'est d'ailleurs respectable) à se reconnaître surtout dans ce qui est proche pour n'envisager le lointain qu'aux heures perdues. Cette définition est juste si l'on précise que la gauche commence par l'« horizon » parce qu'elle n'est pas du tout à l'aise avec ce qui se passe sous ses yeux. D'où le lien avec la maladresse. Un individu un peu gauche ne s'y retrouve pas dans son milieu. Il le juge si mal fait qu'il regarde ailleurs pour voir si d'autres arrangements (plus égalitaires) ne seraient pas possibles. Moins il est à l'aise avec les mondanités ambiantes, plus il se tourne du côté du monde. L'inexpérience du maladroit est aussi ce qui le rend attachant.

Ce ne sont pas les bons sentiments qui font la gauche, il y a d'excellents sentiments fondés sur l'amour de l'ordre et de la proximité. Ce qui fait la gauche, c'est en premier lieu le manque total d'adresse pour gérer le quotidien. Quelqu'un de gauche est toujours plus ou moins en guerre avec les objets. Cette défiance avec les choses le rend sensible aux personnes. Là où un autre évolue dans le « réel » comme un poisson dans l'eau, il hésite, trébuche et parfois enrage de ne pas savoir comment s'y prendre. Cette maladresse caractérise aussi le réactionnaire, mais celui-ci a une idée très précise de l'ordre qu'il faudrait substituer au chaos du présent. Au contraire, la maladresse de gauche mise sur l'avenir plutôt que sur le passé. Ce qu'elle nomme « progrès » désigne justement une société où l'on ne viendrait plus sans cesse se cogner aux évidences dominantes.

La gauche naît d'une insatisfaction à l'égard de ce qui existe : chaque fois qu'elle s'y retrouve tout à fait dans l'ordre des choses, elle est sur le point d'échouer. Bien sûr, la gauche a ses penseurs et ses experts, elle a aussi ses politiciens habiles pleins d'instinct. Il y eut, par exemple, Marx et Durkheim (une explication exhaustive du monde social) et, avant eux, Machiavel (un art réaliste de gouverner en exploitant les rapports de forces). Mais, pour que ces esprits s'engagent dans la transformation du monde plutôt que dans son maintien, il a fallu que leur raison ne se retrouve plus dans le présent. Les explications fournies pour légitimer l'ordre social et les tactiques pour le perpétuer cessent tout à coup d'être convaincantes. « Je suis de gauche » signifie alors « Je ne comprends rien à vos justifications, je n'arrive pas à faire un pas de plus dans ce paysage, j'en cherche un autre plus habitable pour moi et pour les autres ». Aussi longtemps que l'on en garde le souvenir, ce moment d'incertitude empêche la révolte de se transformer en nouveau dogmatisme. On est toujours de gauche en dépit du bon sens.

Michaël Fœssel est professeur de philosophie à l'École polytechnique.
Dernier livre paru : *Le Temps de la consolation*, Le Seuil.

Valérie Zenatti

Il est assis au côté de son père, visage sombre et fermé. Dix personnes lui font face : le proviseur, son adjointe, la CPE, des profs, l'infirmière, une surveillante, des femmes qu'il ne connaît pas (les déléguées de parents d'élèves). On commence par dire qu'il est un gentil garçon, pas méchant, pas violent en tout cas, puis que y en a marre parce que c'est le quatrième conseil d'éducation depuis la sixième, que ses résultats sont catastrophiques, qu'il parle tout le temps en classe et perturbe le cours, et parfois même fait peur aux sixièmes pendant la récré. Un malaise se peint sur quelques visages à l'évocation de ce dernier grief – on apprendra plus tard qu'un « petit » lui a fait un croche-pied, qu'il s'est étalé de tout son long et s'est relevé un peu énervé. Quelqu'un lui demande, apitoyé, s'il aime l'école, il répond « oui » d'une voix étranglée, quelqu'un d'autre lui demande où sont ses rêves et insiste d'un ton désolé « parce que moi, je les vois pas, tes rêves », et il reste silencieux, yeux baissés, on lui dit que son avenir est compromis, on prédit qu'il choisira bientôt la voie facile pour se faire de l'argent, on lui dit qu'il doit se mettre au travail (mais il a bien compris que personne n'y croit), la sanction est prononcée, il est exclu une semaine du collège.

On le reverra quelques jours plus tard et il aura un visage de petit garçon inquiet, on essaiera de l'aider à trouver son stage de troisième dans une voie qui l'intéresse, peut-être dans un stade ou au PSG, on lui demandera pourquoi il parle en classe, et il répondra dans un sourire désarmant : « parce que j'aime parler », il dira aussi qu'il joue au foot trois fois par semaine, qu'il vente, pleuve ou neige, il aura parfois les larmes au bord des yeux, il sera poli et attentif, on aura un élan vers lui, on se dira que c'est un peu ça, la gauche, que ça *devrait* être ça : un élan pour ouvrir des portes, pour donner confiance aux enfants, aux adolescents, aux plus vieux aussi peut-être, mais surtout aux enfants et aux adolescents, parce que les premières années de vie sont des tiges fragiles que seule la confiance peut soutenir correctement, et tous les enfants devraient avoir droit à cela, sans mièvrerie, sans bonnes intensions faussement apitoyées, avec respect, gaieté et douceur.

*

Je crois que je suis de gauche depuis l'âge de quatre ans, depuis ce passage lu dans *Les Misérables*, où Jean Valjean prend le seau des mains de Cosette dans la forêt, et ils cheminent ensemble en silence, et la petite fille n'a plus peur. Je crois qu'être de gauche, c'est être sincèrement du côté des enfants et de ceux qui se sentent moins que rien parce qu'ils n'ont rien. C'est aussi prêter le flanc aux railleries des cyniques qui trouveraient les lignes ci-dessus un brin lyriques et dépassées. Tant pis. Être de gauche, c'est aussi se sentir seul, ou minoritaire, et continuer de croire à une vision sensible du monde.

Valérie Zenatti est écrivaine, traductrice et scénariste.

Dernier livre paru : *Jacob, Jacob*, Éditions de l'Olivier, Prix du Livre Inter 2015.

Martin Hirsch

Quand j'étais enfant, j'aimais interroger mes camarades d'école à la récréation sur les opinions politiques de leurs parents. Je ne comprenais pas comment certains de mes camarades de classe pouvaient être de bons copains que j'appréciais, tout en ayant des parents de droite. Ce n'étaient pas mes propres parents qui, bien que de gauche sans s'en revendiquer, m'avaient inculqué cette forme d'intolérance. Je m'étais forgé moi-même cette lecture binaire de la société. Gauche, cela voulait dire générosité, désintéressement, attention aux plus faibles. Droite, c'était tout simplement le contraire. À l'adolescence, au lycée, je me souviens de m'être battu une seule fois : pour essayer de casser la gueule d'un type de droite qui, en 1981, prétendait que François Mitterrand avait été décoré de la Francisque... C'est lui qui a eu raison de moi, avec un bon coup de poing, et je découvris avec stupeur, quelques années plus tard, que ce n'était pas une simple rumeur colportée par les réactionnaires.

C'est bien plus tard que j'ai fait un autre raisonnement aussi simple que la lecture binaire du monde : il n'est pas possible qu'il y ait moitié de gens bien, moitié de salauds, moitié de gens bons, moitié d'égoïstes, de génération en génération. Et il m'est apparu arrogant de considérer qu'on appartenait à la bonne moitié, et de dénigrer l'autre moitié de la population. J'en ai déduit tout bêtement qu'on pouvait être un salaud de gauche et un type bien de droite, et réciproquement.

Pour autant, depuis l'enfance, je ne m'imagine pas pouvoir me définir à droite et, encore aujourd'hui, s'il faut choisir un côté, c'est le côté gauche. À Emmaüs, je ne me définissais pas spontanément comme de gauche. J'estimais que, à la tête d'un mouvement apolitique, je n'avais pas à me définir. Ce mouvement était d'ailleurs intéressant par son ambiguïté : certains l'avaient rejoint parce qu'ils y retrouvaient leurs valeurs de droite, d'autres parce qu'ils y retrouvaient leurs valeurs de gauche. Dans les mêmes combats, dans les mêmes actions, s'unissaient la droite la plus bourgeoise et la gauche la plus radicale, qui pensaient chacune avoir trouvé le meilleur endroit pour défendre les valeurs auxquelles elles étaient le plus attachées.

Le mouvement Emmaüs était, me semblait-il, un formidable concentré des contradictions entre la droite et la gauche, ou plus exactement un mouvement dont on pouvait, à sa guise, faire une lecture de droite ou une lecture de gauche. Une lecture de droite, c'était voir Emmaüs comme la prolongation moderne de la tradition de la charité chrétienne, comme une ode à l'effort pour s'en sortir, comme une communauté où il n'y a point de salut sans travail, mais où l'on préfère un statut dérogatoire pour les compagnons plutôt que de leur opposer le code du travail. Une lecture de gauche, c'était une remise en cause des institutions existantes dans une utopie revendiquée, c'était prendre fait et cause pour les plus vulnérables, c'était défendre l'accueil inconditionnel sans se laisser arrêter par les lois restrictives. L'abbé Pierre symbolisait parfaitement cette ambiguïté.

Je me rappelle avoir une fois tenté de l'en faire sortir pour en avoir le cœur net, en l'interrogeant directement, peu avant sa mort : « Père, pour qui avez-vous voté à l'élection présidentielle de 1981 ? » Sa réponse le définit : « Je ne me souviens plus très bien. J'ai dû voter Giscard... à moins que je n'aie voté Mitterrand », me dit-il, malicieux, se rappelant parfaitement son vote, que je devinais d'ailleurs, mais soucieux de ne pas sortir de l'ambiguïté qu'il avait toujours tant aimée.

De manière paradoxale, c'est au moment où je suis entré dans un gouvernement de droite qu'on m'a le plus souvent caractérisé comme un homme de gauche, de la part de la droite pour s'enorgueillir de la prise, de la part de la gauche pour me reprocher ma trahison. Cela ne m'a pas particulièrement dérangé, en fait, de constater que je n'avais jamais eu à me revendiquer publiquement de gauche pour être catalogué comme tel. Dans le livre que j'ai écrit en quittant le gouvernement, cela m'a conduit à revenir sur mon rapport à la gauche dans un chapitre intitulé « Asexué ou hermaphrodite ? La droite, la gauche, la guerre, le compromis[1] ». Asexué ou hermaphrodite, c'était une allusion au revenu de solidarité active, une réforme que tant la gauche que la droite avaient introduite dans leurs programmes, non pas parce qu'elle n'était ni de droite ni de gauche, mais parce qu'elle était à la fois de gauche et de droite : la gauche pouvait revendiquer le fait de conforter un minimum social sans le restreindre tout en augmentant le pouvoir d'achat des salariés modestes ; la droite pouvait revendiquer l'affirmation que le travail devait payer et que les ressources additionnelles nécessaires pour passer du RMI au RSA allaient toutes vers des allocataires qui avaient une activité. Cela signifiait que chacun pouvait y aboutir à partir d'un chemin qui ne les conduisait pas à se contredire dans leur propre corpus idéologique.

Ce « et de droite et de gauche » a été perturbant, pour la droite et pour la gauche. Je me souviens quand on m'a interdit d'accepter les amendements, tout à fait raisonnables, suggérés par le futur président de la République, qui auraient fait basculer

1. *Secrets de fabrication*, Grasset, 2010.

la gauche de l'abstention vers le vote favorable, au motif que le président de la République d'alors souhaitait montrer qu'il y avait un vrai clivage. Cela n'a pas empêché ce dernier, une fois battu, de considérer qu'il avait commis une erreur en me laissant faire un RSA « de gauche » poussant vers l'assistanat. La gauche, de son côté, n'a jamais su comment assumer une réforme revendiquée par le créateur du RMI comme l'évolution souhaitable de sa réforme emblématique, mais créée dans un contexte politique de droite.

La difficulté n'est pas de se définir de gauche, mais bien plus de définir la gauche dans un contexte où de nombreux points de repère traditionnels ont changé. Ou, plus exactement, où certaines bijections ne fonctionnent plus. Prenons quelques exemples.

Être de gauche, c'est ne pas se satisfaire de trop bas salaires. Pendant longtemps, cela rimait, à juste titre, avec une politique d'augmentation du salaire minimal. Depuis près de vingt ans, le SMIC n'est pas le meilleur instrument de lutte contre la pauvreté au travail. Il a même des effets antagonistes Être de gauche, cela ne veut plus dire promettre et croire que les coups de pouce au SMIC satisfont l'idéal de soutien aux trop bas salaires.

Être de gauche, c'est vouloir que tous les enfants aient accès au meilleur du système scolaire. Pendant longtemps, cela rimait, à juste titre, avec une défense de l'école telle qu'elle faisait vivre l'héritage de Jules Ferry. Cette école, aujourd'hui, sécrète elle-même des inégalités et semble accroître des inégalités. Garder l'idéal de la gauche, ce n'est pas renoncer à l'égalité scolaire, mais probablement renoncer au maintien de l'école telle qu'elle est.

Être de gauche, c'est vouloir que l'accès aux études supérieures ne dépende pas de l'origine sociale. Pendant longtemps, cela rimait avec un accès sans sélection à une université gratuite. Depuis des années, on constate que tel n'est pas le cas et que l'échec dans le premier cycle universitaire ne s'améliore pas. Garder l'idéal de gauche, ce n'est pas accepter que les meilleures études soient réservées à ceux dont les parents en ont les moyens, mais c'est repenser la question de l'accès à l'université et aux grandes écoles, et de leur financement.

Être de gauche, c'est lutter contre la précarité au travail. Pendant longtemps, on a cru que l'épaisseur du code du travail était la meilleure arme contre cette précarité. Le travail précaire s'est étendu, et il est difficile de distinguer les nouvelles protections de gauche face à ce grave problème.

Être de gauche, c'est vouloir que la protection contre la vieillesse, la dépendance et la maladie ne dépende pas des revenus, mais des besoins, à travers une sécurité sociale renforcée. Mais l'âge de la retraite peut-il être aujourd'hui considéré comme un marqueur de gauche, comme il semble l'être, alors que l'espérance de vie a tellement progressé depuis des décennies ?

Même la question de la laïcité ne se pose plus dans des termes aussi clairs qu'auparavant pour la gauche. Pendant un siècle, la question de la laïcité recouvrait totalement la question sociale. Défendre la laïcité et défendre l'égalité procédaient du même combat, dans le droit fil de l'héritage des Lumières et de la Révolution française. La laïcité était égalitaire et intégrante. Aujourd'hui, nous vivons dans une société où ce recouvrement entre laïcité et égalité est moins net, et certains utilisent la laïcité non plus comme une valeur d'intégration, mais comme un instrument d'exclusion, ce qui laisse la gauche pour le moins perplexe.

La gauche n'a probablement pas su passer de la notion de « marqueurs de gauche » à celle de « finalités de gauche ». Pour masquer ce problème, elle s'est réfugiée dans une définition catégorielle de la gauche. Faute de pouvoir définir la voie pour atteindre une société de gauche, elle s'est adressée aux catégories sociales censées être de gauche, en cherchant à répondre aux demandes de chacune de ces catégories : les personnes sous statut, les fonctionnaires, les salariés modestes, les enseignants, les jeunes, pour prendre quelques exemples significatifs. Pour défendre une certaine vision de la société, elle a cru qu'il suffisait de s'ériger en défenseur de pans homogènes de la société.

La gauche n'a pas vu que, progressivement, chacune de ces catégories ne s'identifiait plus à elle, ou en tout cas plus aussi nettement, et que soit la droite, soit l'extrême droite prenait ses « parts de marché électoral ». Dans le même temps, elle s'est laissé, consentante, voler ses valeurs fondamentales. Le hold-up le plus spectaculaire a été celui qui a concerné la « valeur travail ». C'est net en 2007 : la gauche ne revendique plus la valeur travail, qui est pourtant historiquement une valeur de gauche, et laisse la droite s'en emparer, avec une gauche à contre-emploi. Elle ne s'en est finalement jamais remise. Le deuxième hold-up, plus insidieux, est celui de la laïcité. J'avais été étonné, en 2011, de voir que les électeurs du Front national considéraient que la valeur la plus essentielle à leurs yeux était la laïcité[2]. Une conception bien sûr très particulière de la laïcité, une laïcité clairement excluante, comme une arme anti-islam, mais

2. Voir Rue 89, 7 octobre 2011, « "Aujourd'hui, Coluche serait avec Marine Le Pen." Martin Hirsch, le père du RSA, voulait dialoguer avec des sympathisants FN de la "génération Marine". Rue 89 les a réunis ».

qui du coup retirait à la gauche la possibilité de clamer sa vision d'une laïcité intégrante

Tout cela rend donc complexe d'aller chercher les vraies différences entre la droite et la gauche. Penser que la gauche voudrait éliminer la pauvreté et que la droite souhaiterait la maintenir est absurde. Je me souviens, il y a quelques années, d'avoir été faire une intervention dans une classe de terminale dans un lycée à la limite du XIe et du XXe arrondissement, c'est-à-dire devant une classe composée à moitié d'enfants de bobos et d'enfants d'immigrés d'un milieu social défavorisé. J'ai commencé mon cours en leur posant une question : « Pourquoi y a-t-il des pauvres dans le monde ? » Un élève, d'origine africaine, a répondu du tac au tac : « Parce qu'il y a des fainéants », approuvé bruyamment par une grande partie des élèves immigrés et suscitant la rage des bobos qui hurlaient : « Parce que la société est injuste », menaçant d'en venir aux mains contre ceux qui dénonçaient la fainéantise. Le cours était lancé, bien mieux que dans mes espérances, et nous avons eu une séance fort intéressante pour eux comme pour moi.

À mes yeux, la différence la plus fondamentale entre la droite et la gauche, c'est le rapport des uns et des autres devant un cas simple que je vais présenter ici de manière, j'en conviens, un peu caricaturale. Un enfant issu d'un milieu social très défavorisé, immigré, fait de belles études et devient riche. Que dit la droite ? Vous voyez que ceux qui le méritent peuvent s'en sortir. Il ne faut pas plus d'aides et de soutiens, mais davantage encourager le mérite. Que dit la gauche ? Si on les soutenait tous, tous réussiraient. La droite y trouvera un exemple confortant son rapport au mérite, là où la gauche y trouvera une exception confortant son rapport aux inégalités.

Le mérite, voilà un mot qui est devenu naturellement de droite (qui défendra donc la prime au mérite, le salaire au mérite, la bourse au mérite, jusque aux hautes rémunérations méritées) et qui fait cruellement défaut à la gauche. Non pas pour que la gauche se convertisse à la notion étroite de mérite qui la conduirait à justifier des écarts de salaire colossaux ou à disqualifier toute revendication collective, mais pour qu'elle trouve son propre équivalent de gauche. Elle a essayé avec le concept d'« égalité des chances », manière de réfuter l'égalitarisme : son objectif ne serait plus que tous soient égaux, mais que tous aient les mêmes chances de s'en sortir, ce qui sous-entend qu'elle ne peut rien pour ceux qui ne saisiraient pas la chance qui leur serait ainsi offerte, voire garantie. Mais le concept est probablement trop flou pour être convaincant.

Or la société d'aujourd'hui est avant tout en quête de reconnaissance, à tous les niveaux, dans toutes les catégories : le salarié pauvre, l'infirmière qui tire le diable par la queue, l'enseignant aux prises avec sa classe difficile, le chômeur exclu de l'emploi, l'entrepreneur souffrant des impôts, le médecin dénonçant la paperasse – la liste est longue…

La droite sait aujourd'hui faire l'éloge du mérite, comme une manière de donner à tous l'espoir de la reconnaissance, avec la limite que cela ne vaut que tant que tous ont l'illusion d'être parmi les méritants !

La vraie gauche serait peut-être celle qui élaborerait le concept qui fasse pendant au mérite et qui permette à chacun de trouver un espoir réel de reconnaissance. Cela lui impose de définir un nouvel équilibre entre l'individu et le collectif, entre la solidarité et la responsabilité, entre le statut et la protection. Bâtir une société de la reconnaissance, voilà un bel idéal de gauche.

Martin Hirsch est directeur général de l'AP-HP. Dernier livre paru : *Cela devient cher d'être pauvre*, Stock.

Élisabeth Roudinesco

Le fait même de poser une telle question signifie que la gauche est en état de crise dans un monde ravagé par le terrorisme et confronté, depuis la chute du mur de Berlin et la destruction des tours du World Trade Center, à une formidable poussée de valeurs réactionnaires, antidémocratiques et obscurantistes. Si nous n'étions pas dans une telle situation, on ne se demanderait pas ce qu'est la gauche, mais on tenterait plutôt de comprendre d'où elle vient et quel est son avenir. J'ai envie de poser la question autrement : « De quoi la gauche peut-elle hériter aujourd'hui ? », de quels idéaux, de quel récit ?

Issue d'une famille de résistants – mon père gaulliste et ma mère social-démocrate –, j'ai le sentiment d'avoir toujours été politiquement de gauche en ce sens que j'ai été anticolonialiste et sartrienne, puis contestataire, en mai 1968, d'un enseignement figé qui ne prenait jamais en compte la moindre modernité littéraire, puis marquée par la pensée de Michel Foucault, Michel de Certeau, Louis Althusser, Jacques Derrida, Roland Barthes, Gilles Deleuze ou Jacques Lacan – auteurs aujourd'hui insultés en France, notamment par la droite, mais traduits et commentés dans le monde entier.

J'ai toujours spontanément voté à gauche et j'ai été aussi antigauchiste : ni maoïste, ni trotskiste, ni anarchiste, etc. Mais je n'accepte pas que l'on compare les gauchistes à l'extrême droite. Il s'agit là d'un travestissement de l'histoire. Et, de même, je trouve ridicule que l'on assimile la droite républicaine à l'extrême droite.

Pour être vraiment de gauche, la gauche politique doit revendiquer la mémoire de la Révolution française, prise en bloc, de 1789 à 1794, et non pas par petits bouts. Elle doit se réclamer de la Déclaration des droits de l'homme, de Valmy, des Girondins, des Montagnards, des robespierristes, des régicides. Elle doit aussi savoir hériter de la Résistance antinazie, toutes tendances confondues, du Front populaire et des congés payés, de Jean Jaurès, de Léon Blum, de Raymond Aubrac et de Jean Moulin, et bien entendu des dreyfusistes : ceux-ci ont donné naissance à la notion d'« intellectuel », si décriée aujourd'hui par ceux qui haïssent les élites.

Être de gauche, c'est savoir hériter de l'histoire du socialisme français, de la philosophie allemande, de l'art de la Renaissance italienne, du communisme, des Brigades internationales et de la littérature : autant de Balzac, qui était conservateur, que de Hugo, qui ne l'était pas. J'ajouterais qu'elle doit aussi hériter d'Alexandre Dumas, qui a eu le génie de réinventer l'héroïsme aristocratique. Autrement dit, la gauche doit savoir penser l'Histoire en général, et pas seulement son histoire mémorielle. De grands historiens de l'Antiquité et du Moyen Âge étaient de gauche.

Être de gauche, c'est se réclamer du progrès et de l'idée qu'un individu peut se transformer au cours de la vie et qu'il n'est pas le fruit d'une hérédité fixée de toute éternité. Être de gauche, c'est penser qu'il n'y a pas de détermination absolue qui assignerait une place à chaque sujet. La droite, même si elle dit le contraire, a toujours été convaincue que chacun devait rester à sa place et que les inégalités – la misère et la pauvreté – étaient le résultat d'un ordre immuable et naturel.

Au contraire, la gauche affirme qu'il faut changer l'ordre du monde et agir sur le présent. La droite est tendanciellement biologico-héréditariste, et la gauche nettement sociologiste. En France, de nombreuses lois émancipatrices ont été instaurées, au XXe siècle, par la gauche : séparation de l'Église et de l'État (1905), abolition de la peine de mort (1981), dépénalisation de l'homosexualité (1981), intégration des homosexuels dans l'ordre familial (2014).

Mais il est vrai aussi que la droite a été porteuse de progrès dans ce domaine, après la Seconde Guerre mondiale : droit de vote accordé aux femmes (1944), loi sur l'interruption volontaire de grossesse (1975). Mais, pour porter ce progrès, il a fallu des personnalités hors du commun qui agissaient en grande partie contre leur propre camp : Charles de Gaulle et Simone Veil. Je reprocherai donc à la gauche de trop croire qu'il suffit de changer le social pour transformer le sujet, et à la droite de vouloir toujours ramener l'être humain à des racines. Ces deux attitudes ont pour point commun de méconnaître les complexités de la subjectivité, c'est-à-dire le psychisme inconscient qui est une composante majeure de tout individu. L'homme ne se réduit ni au social, ni à un substrat territorial ; il est aussi le produit de son intériorité, de ses névroses, de ses désirs.

La gauche a le devoir de haïr l'antisémitisme, le racisme et le régime de Vichy ; elle ne doit faire aucune concession à la France honteuse de la collaboration, ce qui est monnaie courante de nos jours dans ce pays où existe un désir inconscient de fascisme incarné par la montée extravagante des thèses du Front national. Mais la gauche ne doit pas occulter ces périodes noires de l'histoire. Il faut refuser autant l'hagiographie réactionnaire dont rêvent les nostalgiques du « c'était mieux avant » que la prétendue neutralité objective des pédagogues jargonneux.

Jamais aucun régime politique n'a encore réussi à concilier les deux grands idéaux de la Révolution : la liberté et l'égalité. Je pense que la gauche doit toujours tenter de lier les deux termes, sans pour autant favoriser le capitalisme fou au nom de la liberté ou l'égalitarisme forcené au nom de l'égalité. Peut-être est-ce une tâche impossible ? Mais alors, raison de plus pour essayer.

Par ailleurs, nous savons que la gauche politique est fragile et susceptible, parce qu'elle n'est pas autoritariste, de se diviser en courants fratricides. Au contraire, la droite est bien plus disciplinée. Elle déteste la gauche et se veut légaliste en France, qu'elle soit orléaniste, légitimiste ou bonapartiste. D'où la très grande difficulté pour la gauche de devenir une gauche de gouvernement : ce sont ses propres acteurs politiques qui la détruisent par leurs divisions et leur narcissisme. En ce sens, il est suicidaire d'affirmer que les différentes gauches sont irréconciliables. Je n'aime pas que la gauche réformiste méprise la gauche insoumise. Quand elle le fait, elle perd son identité, fût-elle éclatée, ainsi que toute possibilité de gouverner.

Quand la gauche politique ne revendique pas une culture européenne, quand elle se détache de sa mission éducative auprès du peuple, elle sombre dans le technicisme, l'économisme, l'expertise, c'est-à-dire dans la bêtise – et, hélas, c'est ce qui arrive aujourd'hui. Autant je suis internationaliste, autant je suis hostile au souverainisme borné, à la nostalgie des identités fantasmatiques, au complotisme qui s'exprime ouvertement dans les réseaux sociaux.

La gauche française doit être « littéraire » et humaniste, seule manière de défendre la science contre la pensée magique et les croyances. Elle ne doit pas confier le ministère de la Culture à des technocrates, ni le ministère de l'Éducation nationale à des experts, ni le service public audiovisuel à des forcenés de l'audimat. Elle doit soutenir le théâtre, le cinéma, le livre, l'art, envers et contre tout, ce qu'elle ne fait pas assez depuis longtemps. Elle doit penser et avoir des idées, et non pas être simplement moraliste.

Je dois dire que j'ai été effarée par le spectacle que nous ont donné les primaires de droite et de gauche. Deux mises à mort : celle du dernier représentant du gaullisme chiraquien (Alain Juppé), traîné dans la boue par la droite, son propre camp, ou déguisé en islamiste radical par l'extrême droite ; celle du dernier acteur de la social-démocratie mitterrandienne (François Hollande), exécuté par son premier lieutenant et contraint de se livrer à une sinistre abdication. Grande scène freudo-shakespearienne.

Tout cela fait froid dans le dos. La droite a perdu sa gauche, et la gauche sa droite.

Et après, que fait-on ? De quoi héritons-nous ?

Élisabeth Roudinesco est psychanalyste et historienne.

Dernier livre paru : *Sigmund Freud en son temps et dans le nôtre*, Le Seuil.

Marc Dugain

Être de gauche, c'est avant tout souhaiter que la société compense les inégalités liées à la naissance et à l'enfance. La génétique et le milieu familial créent des différences considérables entre les êtres que notre organisation sociale se doit d'atténuer pour que chacun puisse vivre dignement. Être de gauche, c'est aussi se dresser contre la logique de l'avidité et de l'intérêt qui prime dans notre esprit reptilien depuis la nuit des temps, ce qui implique un traitement particulier du clivage capital/travail, sujet sur lequel la gauche française n'a cessé d'échouer en refusant de favoriser un vrai système d'entrée des salariés dans le capital de leur entreprise. Aujourd'hui, le capital et ceux qui le servent directement n'ont jamais été aussi bien rémunérés, alors que le travail perd pied dans l'organisation productive. Être de gauche, c'est évidemment, plus que jamais, être en faveur de la laïcité afin que les convictions religieuses soient cantonnées dans la sphère privée. Mais être de gauche ne signifie pas pour autant prendre le matérialisme et son cycle de production-consommation comme la panacée d'un mode de vie dont on sait pertinemment qu'il conduit notre espèce vers sa disparition. Être de gauche, c'est donc un rapport courtois à l'environnement et une préférence marquée pour le spirituel sur le matériel, au-delà de la religion, et c'est bien entendu dans le domaine culturel qu'ont lieu les plus grandes expériences spirituelles. La révolution numérique nous annonce, derrière d'innombrables facilités, une évolution très violente de la société par la robotisation des moyens de production, la suppression de millions d'emplois, la surveillance permanente des individus, l'émergence de nouveaux pouvoirs concentrés, et la déliquescence du fait démocratique par la prise du pouvoir des géants du Net. Être de gauche, c'est refuser que le différentiel entre l'intelligence technologique considérable de l'être humain et son niveau d'intelligence morale s'accroisse indéfiniment. Le populisme conquérant dans les démocraties occidentales en est le résultat. Être de gauche, c'est vouloir que l'individu reprenne le pouvoir à son niveau sans pour autant fermer les frontières. Être de gauche, c'est penser que l'Europe reste un grand dessein. L'avoir laissée aux technocrates et aux lobbies financiers n'est pas une fatalité irréversible. Être de gauche, ce n'est pas juste gérer une société libérale en essayant peu ou prou d'en limer les excès, de protéger quelques avantages acquis çà et là ; c'est plutôt une véritable ambition collective de reprise du pouvoir, non pas au niveau de l'État, mais au niveau des individus. L'enjeu est considérable, on l'a dit : c'est celui de la survie de notre espèce, habituée aux tentatives de suicide collectif, comme les deux guerres mondiales l'ont montré. Être de gauche, c'est résister à ces forces funestes qui, de Washington à Moscou, entendent régenter le monde dans l'intérêt d'une minorité de psychopathes corrompus. Être de gauche, ce n'est pas allumer des bougies autour d'une place ou brûler des pneus, ou se payer de petites grèves perlées, ou s'enfoncer dans des débats spongieux sur la déchéance de nationalité, c'est se battre, et se battre vraiment, contre les instincts les plus sombres de l'individu sans chercher à les excuser. Enfin, pour tout résumer, être de gauche devrait être le réalisme de la générosité.

Marc Dugain est écrivain, essayiste et réalisateur. Dernier livre paru : *Ultime partie*, Gallimard.

Cécile Duflot

Répondre à cette question en ce froid hiver de 2016 est finalement brûlant. Le mot est brandi comme un étendard, une autojustification ou un voile pudique, et pourtant il s'étiole à chaque instant. Il s'étiole comme tous les mots du politique aujourd'hui. Pas un élu depuis des dizaines d'années qui ne soit désormais un « antisystème », pas un ancien ministre, ancien député, ancien assistant parlementaire qui ne pourfende l'oligarchie…

Il arrive la même chose à ce mot si puissant et si chargé d'histoire : la « gauche ». Son sens semble perdu, dévoyé. Ceux et celles qui devraient en être les partisans se le jettent à la figure, affirmant qu'ils sont titulaires de la vraie croix. Je ne viens pas de cette famille, qui rugit ce mot dans les meetings en insistant sur le circonflexe imaginaire qui surplombe le *au* quand on veut faire vibrer des militants fatigués. Mais je viens d'une famille qui l'a inscrite dans ses valeurs, ses réflexes, ses réactions instinctives face aux événements. Et c'est peut-être cela qu'il faut dire avec simplicité aujourd'hui : la gauche, c'est le refus de l'ordre établi, le refus du renoncement ; celui de baisser les bras, de se contenter de ce qui est.

La gauche, c'est l'intranquillité, car c'est la remise en cause permanente de ce qui serait une fatalité : les inégalités, les injustices. C'est pour cela que prétendre que la gauche au pouvoir n'est jamais satisfaite et toujours critique est un contresens : c'est justement parce qu'elle est insatisfaite et critique qu'elle reste la gauche. Celle qui ne se satisfait jamais de l'inégalité des droits, des naissances, des avenirs, des sexes.

La gauche est intranquille par essence parce qu'elle est le mouvement contre l'ordre. L'ordre qui, lui, se contente et même revendique que chacun soit « à sa place » : pauvres, femmes, étrangers. Cet ordre qu'il faut conserver ou retrouver, cet « ancien temps » mythique que l'on brandit pour justifier le refus du changement. La gauche, c'est l'émancipation, si l'on accepte que l'émancipation soit un chemin sans point final, une quête et une exigence.

Pendant longtemps, cette quête était associée au progrès, au mot – brandi comme un talisman – et aux actes : les « conquêtes sociales », dont le nom même dit le prix de leur obtention. Au cœur de cette idée de progrès, celle de la croissance, avec son corollaire de gauche : la redistribution de ses fruits. Là aussi, le mot est important : « redistribuer les fruits de la croissance » – la dimension est expressément nutritive. Elle fait de cette croissance – sous-entendu comme celle du produit intérieur brut – une garantie, une nécessité.

Cette fragilisation de la gauche dans sa définition même naît à la fin du siècle dernier. Elle est souvent lue comme une forme de victoire idéologique du libéralisme économique – une victoire d'autant plus puissante qu'elle est plus culturelle que politique et fait écho à l'effondrement du communisme. Une victoire culturelle, car elle gagne par les mots : pragmatisme, flexibilité, souplesse. Elle ne cherche pas à proprement parler l'affrontement, elle cherche la disqualification : elle ne met pas en cause les idéaux « sympathiques », mais y oppose le réel et la nécessité d'y faire face.

Elle se place dans une position d'adulte qui tolère les foucades de l'adolescent, mais lui dénie toute capacité à décider. La réponse qui a été opposée à cette posture, et que l'on retrouve chez de très nombreux dirigeants de gauche, en particulier européens, a été d'intégrer cette critique et non seulement de reprendre le discours du pragmatisme raisonnable, mais d'y adjoindre les actes.

Le débat s'est donc crispé autour de la trahison des uns, devenus logiquement « de droite », et de l'immaturité des autres, « incapables d'assumer le pouvoir ». Il a atteint son paroxysme dans la formulation de deux gauches qui seraient « irréconciliables ». Ce qui est intéressant, au fond, c'est moins le terme « irréconciliable » que celui qui fracture un idéal en deux. La gauche devenant donc une boîte de classement abandonnant l'exigence, le mouvement. Cette idée que l'on pourrait avoir une gauche qui gère, sûre de son bon droit, ne peut en effet s'envisager qu'en mettant à distance l'intranquillité, la rabaissant comme un infantilisme alors qu'elle est fondamentale.

Si l'on accepte cette idée, alors il faut réinterroger la source de cette intranquillité. Cette défaite dans l'invention des solutions, cet abandon du chemin du progrès qui considère le renoncement aux « conquêtes sociales » comme celui de la raison, n'est pas seulement une trahison. Je crois que la raison essentielle de cette brisure de la gauche au pouvoir est le résultat d'un impensé profond, encore actuel.

Elle est le résultat d'une fragilité structurelle, terrienne. La croissance illimitée est un modèle qui ne tient plus – qui n'a jamais tenu, en fait –, mais dont la fiction a pu exister pendant un peu plus d'un siècle. « Relance par la consommation ou par la demande » : c'est dans ce cadre contraint de la nécessité de « retrouver » la croissance que les débats ont eu lieu. Alors même que, partout dans le monde, un épuisement est à l'œuvre. Le capitalisme se développe désormais de manière presque totalement irrationnelle, de bulle en bulle, tentant de faire sérieusement croire qu'on pourra dorénavant redistribuer des plus-values imaginaires, assurant avec autant d'aplomb que d'absurdité que la fluidification des marchés financiers est facteur de croissance. Le mot le plus chéri dans la prise de décision politique en ce début de XXIe siècle est celui de « confiance ». Les marchés doivent avoir confiance, les investisseurs aussi. Chacun le sait, au fond : cette confiance relève de la foi, presque de l'ivresse – l'ivresse d'un « court-termisme » dont on sortirait gagnant.

C'est pour cela que la gauche doit se nicher dans la pensée écologiste. Ce chemin d'émancipation jamais terminé, cette passion pour l'égalité doit accepter ce mouvement profond vers un autre modèle de société, de production, de consommation. Ce chemin d'émancipation a vécu des secousses ; il doit désormais faire un virage, un grand virage. Il doit accepter que la planète nutritive s'épuise et que, en la préservant, nous nous guérissions nous-mêmes. Ce chemin, au contraire du renoncement, est celui des « reconquêtes sociales », car celles du siècle précédent se sont faites au prix d'un assèchement des relations humaines, de la technicisation de nos vies, de l'exacerbation de la concurrence, alors que l'espèce humaine a millénairement construit son développement sur la coopération et l'empathie.

Et, si étonnant que cela paraisse, c'est encore à l'ordre qu'elle fait face. Mais à un ordre qui ne tient que par la brutalité de celles et ceux qui tentent de le faire perdurer. Il n'est pas besoin de réinventer ce qui a déjà été écrit – il y a plus de trente ans – de façon si lumineuse par un des penseurs les plus lucides, André Gorz : « Il est des époques où, parce que l'ordre se disloque, ne laissant subsister que ses contraintes vidées de sens, le réalisme ne consiste plus à vouloir gérer ce qui existe, mais à imaginer, anticiper, amorcer les transformations fondamentales dont la possibilité est inscrite dans les mutations en cours. »

La gauche qui a su refuser l'ordre injuste doit faire face à son effondrement en embrassant dans une nouvelle volonté d'égalité les générations d'aujourd'hui et celles qui ne sont pas encore nées en pensant enfin son rapport à la nature. C'est une nouvelle et puissante intranquillité face à l'avenir comme face au présent, mais c'est aussi la garantie de l'invention des solutions et de la fidélité à son idéal.

Cécile Duflot est députée de Paris.

Frédéric Worms

Sont de gauche toute pensée et toute action qui n'oublient pas les *relations* entre les êtres humains, qui même mettent *au premier plan* les relations entre les êtres humains, ou encore qui postulent ce que l'on pourrait appeler un *primat des relations* entre les êtres humains. Telle est la définition que nous proposerions d'emblée, en réponse à la question qui nous est posée. Mais à cette définition ou à ce principe doivent s'en ajouter aussitôt deux autres, si l'on veut comprendre la gauche, sa diversité et ses tensions (lorsqu'on oublie l'un de ces principes), mais aussi (lorsqu'on les prend ensemble !) sa force et sa nécessité.

Quels sont ces deux autres principes ? La gauche consiste certes d'abord à soutenir qu'on ne peut penser les êtres humains tout seuls, sans leurs relations, comme si nous n'étions pas interdépendants vitalement (dès la naissance !) et socialement. Et c'est ce que la « droite » tend à oublier. Pourtant, comment la gauche pourrait-elle oublier de son côté qu'il s'agit de relations *entre des individus* ? Jaurès n'avait pas tort, quand il disait dans *Le Socialisme et la Vie* que le socialisme vise la création des individus, et une individuation toujours plus poussée ! Ce n'est paradoxal qu'en apparence. Car les relations, comme celles qui lient les nourrissons aux êtres qui les entourent, ou les amants, les amis, les collègues, et bien d'autres, ont pour but de se créer les uns et les autres (ainsi, comme dit Winnicott, le bébé crée aussi sa mère, par exemple), de se transformer, de les faire se découvrir eux-mêmes, dans leurs capacités, dans leurs créations, dans leurs œuvres ! Tel est le premier principe à ajouter. On aurait tort d'opposer la gauche et l'« individualisme » : elle ne s'oppose qu'à la *caricature* de celui-ci, qui oublie les relations auxquelles nous tenons et grâce auxquelles nous pouvons devenir non seulement indépendants, mais différents et créateurs.

Mais voici alors le dernier principe qu'il est capital de souligner. La gauche est une pensée et une action qui posent le primat des relations. Mais c'est aussi une pensée et une action qui n'oublient pas la fragilité, la précarité et, plus précisément encore, la *négativité* des relations entre les êtres humains, la négativité *dans* les relations entre les êtres humains, dans *toutes* les relations entre les êtres humains ! Oui, même dans les relations les plus intimes, qui sont menacées par des conflits et des violations. La fraternité (toutes les cultures le savent), si vitale soit-elle, est menacée par le fratricide : c'est pour cela qu'il faut en faire un principe, et pas seulement un fait naturel, tout comme la liberté et l'égalité, ces principes qui surgissent des violences dans les relations humaines, et pour s'y opposer ! Cela vaut jusque dans les relations les plus politiques et nationales. Comment une nation ou un peuple seraient-ils une totalité naturelle ? Puisqu'ils sont traversés de différences et de violences intérieures, bien loin que celles-ci viennent seulement du « dehors », des autres ou des étrangers. C'est pourquoi l'unité n'est jamais un donné ou une nature, mais (comme dans les pensées de la République) une conquête et une histoire, contre des divisions.

La gauche est donc cette pensée et cette action qui luttent contre deux risques. Le risque de penser les individus sans les relations, ou en minimisant leurs relations, y compris sociales, et ce que les individus leur doivent. Mais le risque aussi de penser les relations sans les violations qui les menacent, ou, si l'on veut, le risque du *déni* de ces violations intérieures, qui conduit toujours à ne pas lutter contre elles, et donc à les aggraver. Et ce dernier risque peut venir de l'intérieur, ou, si l'on veut, de l'extrémité de la gauche elle-même, quand elle refuse de voir ces tensions internes et irréductibles de toute relation (c'est le risque de tous les « extrêmes », c'est ce qui les définit).

Or, ce ne sont pas là des risques abstraits. Ce sont au contraire les risques les plus concrets des relations humaines, contre lesquels la pensée et l'action de gauche doivent donc lutter d'une manière concrète qui ne peut pas non plus être seulement négative. Une politique des relations, ce n'est pas seulement une politique négative, qui reconnaît l'interdépendance et instaure la solidarité, qui reconnaît la violation, y compris sociale sous la forme de l'exploitation ou de la discrimination, et lutte contre elle par la critique et la justice, et jusque sur un plan international et environnemental, qui lutte enfin contre ses propres risques, en mettant en place des institutions dans un cadre démocratique et républicain.

Tout cela est nécessaire, bien sûr, tant il est aisé de refuser la reconnaissance des relations et de l'interdépendance, de la division et de l'ambivalence humaines. Mais ce n'est pas suffisant. Car une politique des relations, c'est aussi une politique qui soutient les relations, dans toute leur portée de création collective et individuelle, et cela dans tous les domaines, depuis le soin (qui n'est pas seulement un secours) jusqu'à l'éducation et la culture, en passant par le travail, sans se substituer dans aucun de ces domaines aux acteurs de ces relations (car cela serait de nouveau une violence et, qui plus est, un échec), mais en créant au contraire des sujets qui sont les acteurs mêmes de cette politique. Une politique qui ne sera jamais achevée puisqu'elle affrontera toujours des risques et des reculs, mais qui y trouvera toujours aussi les critères de nouveaux refus et de nouveaux progrès concrets. Et qui trouve également sa ressource dans ces sujets mêmes qu'elle contribue à créer, et que l'on ne peut se contenter de dire superficiellement ou avec condescendance « de gauche ». Car la gauche peut bien céder à ses propres risques, devenir individualiste ou totalitaire, « caviar » ou « sectaire » (et parfois les deux à la fois…). Elle ne se définira pas cependant par ses risques, mais contre eux. Et elle vit chez des sujets critiques et engagés, tourmentés et révoltés, mais pour qui la source de ce tourment et de cette colère est la même que celle de leurs amitiés et de leurs amours, de leurs bonheurs et de leurs joies, dans les relations humaines.

Frédéric Worms est professeur de philosophie à l'ENS.
Dernier livre paru : *La philosophie face à la violence*, avec Marc Crépon, Éditions des Équateurs.

Annie Ernaux

J'ai vu mourir la gauche. D'année en année. Du Programme commun et des Cent dix propositions de Mitterrand en 1981 à la loi El Khomri, de l'abolition de la peine de mort à la proposition de loi sur la déchéance de nationalité. Du soutien de la Marche des Beurs à l'abandon pur et simple des banlieues. De Pierre Mauroy protestant qu'« ouvrier » n'était pas « un gros mot » à Manuel Valls stigmatisant un quartier de sa ville d'Évry jugé « pas très *white* ». D'un langage à l'autre. De l'espérance au renoncement.

Il y a eu des moments où la gauche semblait encore vivante : quand elle défendait la réduction du temps de travail, son partage, assurait la santé des démunis avec la CMU, soutenait les droits des femmes, des sans-papiers, déclarait que son

« ennemi, c'est la finance ». La dernière fois, c'était le 27 avril 2013. Dans le discours de Christiane Taubira à l'Assemblée s'affirmaient haut et fort la liberté et l'égalité, le progrès. Fugitivement, on se disait que rien n'était perdu, qu'on pouvait encore compter sur la gauche pour rendre les gens plus égaux et plus heureux. On ne prévoyait pas qu'elle cesserait de protéger le travail, faciliterait les licenciements, accomplissant miraculeusement à coups de 49/3, comme la droite la plus autoritaire, le rêve du Medef. Pas non plus qu'un Premier ministre, Valls encore, insulterait l'idéal des Lumières, de la science et de l'éducation confondues d'un « Expliquer, c'est déjà vouloir un peu excuser » proféré à l'encontre des chercheurs désireux de comprendre pourquoi de jeunes Français issus de l'immigration étaient devenus des tueurs au nom d'Allah.

Je parle évidemment ici de la gauche qui a gouverné, qui gouverne, et de celle des éditorialistes, des soi-disant experts, et des intellectuels médiatisés tout acquis à l'idéologie libérale, qui ont banni de leurs discours le terme de « classe sociale », doutent du bien-fondé des grèves, se retenant tout juste de les juger délictueuses. La gauche qui a constamment la « réalité économique » à la bouche, mais ne s'intéresse plus à la réalité des vies, la gauche qui a évacué de son horizon intellectuel les rapports sociaux de domination.

« Ce que vous faites pour nous, sans nous, est toujours contre nous » : cette phrase de Nelson Mandela, les classes populaires françaises peuvent la reprendre, à ceci près qu'elles peuvent se demander ce que la gauche a fait pour elles. Cette gauche qui ne mérite plus ce nom, tant elle a fait litière de ce qui, historiquement, fondamentalement, la constitue et la sépare de la droite : le refus de l'ordre naturel et de sa perpétuation, la lutte contre les inégalités et la défense du travail face au capital. Car c'est grâce à la gauche que les enfants de huit ans ont cessé de travailler en usine à la fin du XIXe siècle, que les ouvriers et les employés ont obtenu en 1936 les premiers congés de l'histoire française, que la loi Veil a été votée contre l'obstruction des élus de droite, mettant ainsi fin à la souffrance des femmes et à l'hypocrisie sociale, les privilégiées trouvant toujours une solution médicale plus sûre que la cuisine d'une faiseuse d'anges.

La gauche, c'est la lutte contre la première des injustices naturelles, celle de la naissance. « Être né quelque part, c'est toujours un hasard », chantait Maxime Le Forestier, « on ne choisit pas les trottoirs de Manille, de Paris ou d'Alger pour apprendre à marcher ». Voir le jour dans un appartement cossu de Neuilly plutôt que dans un trois-pièces pour six dans une barre d'immeubles à Clichy-sous-Bois, c'est bénéficier *ipso facto* de privilèges et d'un héritage économico-culturel destiné à se reproduire aussi automatiquement que la pauvreté et l'absence d'avenir dans l'autre cas. Sauf si l'État met tout en œuvre pour contrecarrer cette reproduction sociale et donner à ceux qui sont les plus dépourvus de biens des raisons d'espérer une vie meilleure. La gauche, la vraie, ne compte pas sur les « fruits de la croissance », sur cette étrange croyance en un « ruissellement de la richesse » sur les pauvres – dogme de la droite – pour une hypothétique transformation des inégalités. Elle s'attaque en premier lieu à la racine de la fatalité sociale en faisant fond sur l'école et l'éducation, de la maternelle à l'université. Elle poursuit en favorisant l'accès gratuit au savoir et à la culture. Elle a pour objectif d'améliorer les conditions de vie du plus grand nombre par le développement des services publics, sécurité sociale, hôpitaux, transports en commun. D'apporter aux plus faibles économiquement, *quelle qu'en soit la cause*, les ressources qui leur permettent de vivre sans peur du lendemain. Elle privilégie le travail par rapport au capital. Elle mène *nécessairement* une politique de redistribution des revenus par l'impôt direct, non une TVA qui grève les petits budgets.

La gauche, c'est la lutte contre la discrimination et le rejet de l'Autre à cause de son origine, sa couleur de peau, sa religion, sa culture, sa sexualité.

La gauche, c'est le questionnement permanent des institutions et des soi-disant évidences. C'est la méfiance devant tous les mots d'ordre : la guerre, l'identité, etc.

La gauche est subversive et constructive, ou elle n'est pas.

Annie Ernaux est écrivaine.
Dernier livre paru : *Mémoire de fille*, Gallimard.

Audrey Azoulay

La gauche est avant tout un projet, celui de la lutte contre l'injustice. Ainsi, la gauche se forme dans la tension permanente vers cet objectif, vers cet idéal jamais atteint. Elle ne peut jamais être pleinement satisfaite et confond parfois ce moteur avec une propension exagérée au déchirement. Elle est aussi une façon de vivre en société, fondée sur le respect de l'altérité.

En ce sens, la culture ne peut se contenter d'être une priorité de la gauche : elle est au cœur de son projet politique. Elle en est même un fondement en tant qu'elle ouvre la voie de l'émancipation individuelle et collective tout en prenant en compte la diversité, parce qu'elle forme l'espoir de réduire les injustices et de dépasser les inégalités.

Pour la gauche, la culture n'est ni un simple champ additionnel de consommation, ni un secteur économique investi comme un autre pour produire richesse et emploi. L'investissement culturel de la nation trouve sa justification dans sa conception même d'un projet de vie de société, d'un partage d'idéaux qui n'exclut pas un regard critique.

Certains voudraient nous faire croire que la culture est un lieu de parfait consensus entre la gauche et la droite. Rien n'est moins vrai. Rares sont les politiques publiques qui, comme les politiques culturelles, traduisent de manière aussi franche une vision du monde et un système de valeurs.

Au printemps 2014, au lendemain des élections municipales, les partisans d'un discours populiste ont remis en cause la programmation artistique de certaines salles. Ils réfutaient ainsi l'idée même d'excellence pour tous au profit d'une vision en réalité méprisante du public. Ici, c'est un centre d'art contemporain qui en fait les frais. Là, des œuvres dans l'espace public sont déplacées, bafouées ou dénigrées. Là encore, à l'occasion de la fête de la Musique, un maire s'arroge le droit d'inscrire une clause inique dans un contrat d'engagement de musiciens.

À gauche, notre fierté, c'est justement d'avoir inscrit dans le droit la liberté de création et la liberté de programmation.

Ces deux principes énoncés par la loi de juillet 2016 semblent totalement acquis et l'on imagine mal comment ils pourraient être remis en cause. Pourtant, en Pologne ou en Hongrie, au sein même de l'Union européenne, la réalité est tout autre et les artistes sont durement malmenés. Ainsi, le parti ultra-conservateur, populiste et eurosceptique Droit et Justice (PIS), qui gouverne en Pologne depuis un an, prône une culture entièrement au service de l'identité nationale. Au théâtre Polski de Wroclaw, la désignation du nouveau directeur a provoqué une mobilisation sans précédent des milieux culturels, qui dénoncent le manque total de transparence de la procédure de nomination et la complète remise en cause de la liberté de création. En Hongrie, depuis le retour aux affaires du Premier ministre nationaliste et populiste Viktor Orbán, la propagande est le quotidien de la télévision d'État, avec son cortège incessant de mensonges à la gloire du pouvoir en place. Ces exemples finalement pas si lointains doivent nous amener à prendre pleinement conscience de notre modèle culturel fondé sur la liberté et l'indépendance des artistes, de la presse, des médias. Ils nous obligent surtout à être vigilants, à porter la plus grande attention à ces évidences qui n'en sont pas et qui pourraient demain être menacées par celles et ceux qui, à l'intérieur même du système institutionnel, prônent des valeurs radicalement opposées.

Que dire encore du mépris dans lequel sont tenues les professions du spectacle, stigmatisées comme un poids pour les finances sociales ? Jamais nous n'avons renoncé à expliquer au pays que l'intermittence, qui permet aux artistes et techniciens du spectacle de vivre de leur métier, est constitutive du modèle français. Celui d'une création artistique riche et dynamique. Notre fierté est d'avoir permis la conclusion d'un accord historique permettant à la fois de responsabiliser les acteurs du secteur et de soutenir une réforme juste et équilibrée.

Pour la gauche, la culture est aussi ce qui nous rassemble collectivement. Elle demeure un des rares espaces de fraternité et de dialogue dans une société qui n'en finit plus de se fracturer.

Dans l'année qui a suivi les attentats de novembre 2015, les Français ont témoigné, malgré la peur, malgré les appels au repli et à la défiance, de leur volonté de continuer à se retrouver dans les salles de spectacle, les musées et les festivals, à travers le pays. Dans les temps les plus difficiles, ce sont les propositions d'artistes qui nous rassemblent. C'était vrai dans le ghetto de Varsovie, sous les bombes à Sarajevo, dans la France de 2016 aussi.

La culture est vivante, en mouvement, résolument tournée vers l'avenir, même si elle se nourrit du passé. Jean Cocteau ne disait-il pas que « le poète se souvient de l'avenir » ? La culture est le produit des rencontres et des métissages.

Elle n'est pas cette identité figée que nous aurions à préserver, elle ne se réduit pas à un patrimoine immobile, car le patrimoine ne peut se transmettre que parce qu'il est vivant et réinvesti par les nouvelles générations.

C'est dans la réparation des injustices, dans le rassemblement, dans le respect, que l'on doit retrouver la gauche. C'est dans les lieux d'égalité des chances, à l'école d'abord, et par une présence dans tous les territoires de notre pays, que nous devons agir.

C'est le sens des résidences d'artistes que nous allons installer dans les écoles et les collèges, avec le programme « Création en cours » ; c'est aussi le sens du soutien apporté aux initiatives qui permettent d'accompagner des projets artistiques en milieu rural, ou encore d'encourager le jumelage d'institutions culturelles avec des quartiers prioritaires. C'est pour cela que nous incitons les bibliothèques à ouvrir le dimanche, pour les familles, pour tous.

C'est encore en soutenant les femmes qui portent le progrès et qui sont encore les victimes silencieuses de la violence de la société.

La gauche, ce sont à mes yeux, et pour reprendre les mots de Robert Badinter, « les forces de changement, forces de progrès, parfois forces de révolution, celles qui, en tout cas, font avancer l'histoire ».

Audrey Azoulay est ministre de la Culture.

Thierry Lévy

Aucune puissance ne peut empêcher l'esprit humain de croire qu'il est capable de franchir les limites de la réalité. En politique, la gauche est le nom que l'on donne à la conviction que tout est possible, que nous naissons avec les mêmes droits et que tous les hommes se valent. Cette pensée nous est si familière, nous y sommes tellement attachés, tant de gens que nous admirons lui ont sacrifié leur bien-être et leur vie que nous oublions qu'elle a fait son apparition à une époque récente et qu'elle est loin d'être partagée. Cette pensée, qui se voulait universelle, a soulevé autant d'enthousiasme que de perplexité.

Les nations qui adoptaient les principes révolutionnaires que la France exportait au fil de son épée étaient-elles libérées ou conquises ?

Les membres du peuple déclaré souverain jouissaient-ils de la liberté et de l'égalité proclamées par leurs élus ?

Derrière la lumière de l'universel qui imposait sa loi, le singulier n'était-il pas étouffé dans l'ombre ?

Défendant des valeurs qu'elle érigeait en règles de simple humanité, la gauche s'exposait à trahir les causes les plus saintes, ce qu'elle ne manqua pas de faire en passant de l'idée à l'action, de l'opposition au pouvoir. La droite, qui se flattait de n'avoir affaire qu'au réel, ne prenait pas ce risque. Elle ne prétendait pas faire le bonheur des hommes, mais leur garantir la sécurité au détriment d'une liberté qu'il est plus aimable de chérir en puissance qu'en acte.

En moins de deux siècles, la république l'a emporté sur la monarchie, mais la gauche, au gouvernement, a renoncé à tous ses principes. La Révolution a sombré dans la Terreur, le communisme dans le totalitarisme et l'anarchie dans le syndicalisme. Enrichies par le travail, l'industrie et les progrès techniques, les nations démocratiques, sorties victorieuses des grands carnages du XXe siècle, sont parvenues à masquer les inégalités sous l'augmentation du niveau de vie.

Cette période a pris fin et la gauche se regarde mourir. En France, son agonie ne date pas d'hier. Elle s'est poursuivie sans discontinuer depuis 1983, deux ans après l'arrivée des socialistes au pouvoir. Aujourd'hui, elle n'est plus qu'archaïque avec Mélenchon, incantatoire avec Montebourg et ubuesque avec Valls. Depuis 2012, elle a fait la politique économique de la droite en mou et sa politique sécuritaire en dur.

Pour lutter contre les tendances centrifuges des forces vives, elle continue d'agiter le grelot de valeurs qu'elle a vidées de leur substance ; au XIXe siècle, en laissant détruire la Commune dont elle vient cependant de « réhabiliter » les combattants, en éclairant de ses lumières l'Afrique dont elle raflait les richesses ; en 1914, en livrant à la voracité de la nation des millions de conscrits hébétés ; au lendemain de la Seconde Guerre mondiale, en perpétuant une sanglante domination coloniale et, dans les années Mitterrand, en anesthésiant les cités avec une panoplie de pacotille contre les ravages du racisme.

Elle laisse désormais le champ libre à la droite, qui n'en espérait pas tant, et à une extrême droite raciste et xénophobe qui se pique d'être le dernier recours des classes populaires.

Avant de trahir, la gauche a été trahie par des idées dont elle a fait une religion que les princes de son Église se savaient incapables de pratiquer. Privée du pouvoir pour longtemps, elle aura maintenant le loisir de réfléchir sur la nécessité de l'exercer de façon plus modeste, plus ferme et moins grandiloquente, en évitant de faire prospérer ses propres intérêts au nom de l'humanité.

Thierry Lévy est avocat et essayiste.
Dernier livre paru : *Plutôt la mort que l'injustice : au temps des procès anarchistes*, avec Jean-Denis Bredin, Odile Jacob.

Geneviève Brisac

Un certain Jean-Frédéric Poisson – retenez bien ce nom, enfants, vous n'en entendrez jamais parler – a pris la parole en un triste et pluvieux dimanche de novembre 2016.

Le vent soufflait fort, les feuilles tourbillonnaient, vaincues.

Il a défini l'homme de droite en une dizaine de mots.

L'homme de droite est une personne qui préfère l'injustice au désordre.

Alors je ne suis ni homme, ni de droite, me suis-je dit.

Je suis une feuille. Une feuille de gauche qui tremble comme une femme.

Car je sais les désordres profonds et puissants qu'engendre l'injustice poissonnière.

L'homme de droite, donc, aime l'injustice.

« N'exagère pas tout de suite », murmure une petite voix que je connais bien.

Disons qu'il ne la craint pas. Il sait qu'elle est là, au cœur de la nature, puisqu'il y a par le monde des terres couvertes de vergers et des sols caillouteux, des ciels hostiles et des climats délicieux. De grands arbres et de minuscules taillis pouilleux. Des agneaux et des loups.

A-t-on déjà vu des buissons se rebeller contre les chênes, des brebis en larmes manifester contre les mensonges des loups ? Non, car c'est ainsi que le monde est monde et que Dieu est content.

L'homme de droite sait où il met les pieds, et quel est son camp. Ses pieds sont dans ses chaussures à semelles épaisses qui le protègent du froid et d'un sentiment de légèreté de l'être qui enveloppe trop souvent les êtres de sexe féminin.

Son camp est celui du plus fort, celui du manche. Si ce n'est pas encore le cas, il y aspire. Il veut en être.

Le monde a toujours été ainsi, dit-il. Le monde m'appartient. J'y occupe une juste place. J'y suis chez moi. L'homme de droite est sûr de son bon droit et certain de l'illégitimité des autres, les métèques, les déplacés, les femmes, les enfants.

Il n'a d'ailleurs pas besoin de le dire, cela se voit.

*

« Le plus difficile, c'est oser être soi-même », écrivait Virginia Woolf.

Je vois dans ces quelques mots l'essence de la pensée de gauche. Ou l'un des fils qui la tressent.

Oser être soi-même, et penser en même temps que l'on n'est pas grand-chose, que l'on n'est rien, comme les sept autres milliards d'individus de la planète, tous menacés et tous mortels, et si fragiles. Surtout les filles, les bébés filles, les jeunes filles, les jeunes femmes, les vieilles femmes. Je n'entre pas dans les détails. On sait les assassinats innombrables, les viols, les enlèvements, l'ignorance imposée, le travail forcé, l'esclavage, la burqa. Les gants noirs en plein soleil et la grille devant les yeux pour ne jamais le voir.

Oser être soi-même quand tout vous dit que votre place est minuscule et provisoire, que votre valeur est infime.

C'est cela, naître à la gauche.

Oser être soi-même, d'égale à égal avec chacun et avec tous. Je pense à la chaleur que tisse la parole fraternelle autour de son noyau ce rêve en abyme que l'on appelle « nous ».

Je tiens là quelque chose, me dis-je. Une miette précieuse. Être de gauche, c'est ne jamais baisser les yeux, ni la tête, devant un autre individu. Cela n'exclut ni l'admiration ni le respect.

Être de gauche, c'est ne jamais contraindre un autre individu, quel que soit son âge, à baisser la tête, ou les yeux, devant soi. N'accepter de personne qu'il plie le genou. Ne jamais humilier. Ne jamais accepter d'être humilié. Ne jamais accepter que quiconque le soit. Dans la mesure du possible.

Se lever devant toute humiliation, se lever devant toute injustice, prendre la parole. Quand on le peut encore.

Oser être soi-même, en ne sachant pas qui l'on est. Car cela n'a guère d'importance. Nous sommes de petits millefeuilles dépareillés, aux opinions contradictoires et de peu de poids, aux sentiments paradoxaux et de peu de durée, mais nous devons à celles et ceux qui nous ont précédés de nous tenir droits, de marcher seuls, d'oser croire à notre commune humanité. Oser être soi-même.

Oser être soi-même, en sachant que l'on ne sait pas grand-chose, ou presque rien. Virginia Woolf, pour la citer encore, considérait que son devoir premier était d'apprendre chaque jour davantage, d'étudier, et de transmettre. De lire Dante et Homère.

L'*Enfer* et l'*Odyssée* dans le texte ouvrent les yeux sur les combats des hommes, leurs malheurs, et ces lectures agrandissent le cœur et les journées. Lire Shakespeare et Villon. L'égalité passe par là.

Je pense aux millions de filles privées de l'usage de leurs neurones. La colère me prend. Et l'envie de pleurer aussi.

Mais retournons à notre manifestation d'agneaux.

Notre patrie, c'est l'enfance.

Victor Hugo la chante. Et François Villon. Guides qui toujours me soufflent à l'oreille de ne pas désespérer de l'enfance, de son insolence, de ses inventions.

Faire confiance à l'enfance, tout miser sur elle, quoi dire de plus ? C'est ce que font la plupart des mères, sans même y penser. En riant.

C'était comme ça. Tous les enfants s'asseyaient par terre, et dans le métro, en route pour je ne sais où, nous racontions des histoires de sorcières, de mil empoisonné et de chats, et le monde s'ouvrait.

L'insolence et le goût du jeu, les yeux qui brillent. Les histoires qu'on déplie comme des accordéons.

C'est la gauche, ça ? Oui.

Et l'économie, alors, et les mesures pour défendre le service public, la réforme des impôts, la santé ?

Aussi.

Mais pas comme ça – non, pas comme ça.

Je vous en prie.

Reprenons tout du début.

Relisons les Cahiers de doléances, les États généraux, revivons les nuits du 4 Août. Parlons-nous comme avant, ou ne nous parlons plus. De justice, de joie, de compréhension mutuelle et d'espoirs partagés. Parlons-nous comme avant de Salvador Allende, de Missak Manouchian, de Buenaventura Durruti et de quelques femmes aussi, s'il vous plaît, pour que le monde de demain soit vivable.

Invitons parmi nous la petite bonté d'aujourd'hui, chère à Vassili Grossman, parce que, partout et tout le temps et bien plus que vous ne le croyez, il y a des gens qui comprennent.

Certains disent que mai 1968 vit le triomphe du cynisme. Pas moi. Je crois à la force de l'intelligence, aux idées, et aux gens. Le cynique mot d'ordre de Mai, c'était : « Libérez nos camarades ! » Le premier. Le fondateur : « Libérez nos camarades ! » Des gens se faisaient matraquer et emprisonner, renonçaient à leurs examens pour libérer leurs camarades. Ils criaient : « Nous sommes tous des Juifs allemands ! » Ils ne se souciaient aucunement de leurs carrières, ni de leur avenir personnel. Jamais. Ils détestaient ces mots. Ils étaient habités par leurs idées, par la solidarité, par un idéal, par des émotions de pensée. La liberté.

Et moi, un peu stupide, je n'ai pas changé.

Geneviève Brisac est écrivaine.
Dernier livre paru : *Vie de ma voisine*, Grasset.

Gérard Mordillat

Enfonçons quelques portes ouvertes :

– Karl Marx désignait la « lutte des classes » comme le moteur de l'histoire. Partager cette analyse, la juger plus que jamais fondée et opérante, c'est être de gauche ;

– dans un sermon, Thomas Müntzer, s'opposant à Luther au nom des paysans contre les princes, déclarait : « *Omnia sunt communia* », toutes choses sont communes. Défendre l'idée du bien commun contre ceux qui, comme Margaret Thatcher, affirment que seuls comptent « l'individu et sa famille », c'est être de gauche ;

– se sentir héritier des révolutionnaires de 1789 et de 1793, de ceux de 1830, de 1848 et, plus que tout, de la Commune de Paris, c'est être de gauche ;

– dénoncer les guerres coloniales (et toutes les guerres impérialistes), c'est être de gauche ;

– reconnaître son appartenance à la seule histoire qui vaille, l'histoire populaire (qu'elle soit des États-Unis, d'Europe ou de France), c'est être de gauche ;

– être de la classe ouvrière ou être solidaire de cette classe contre la bourgeoisie petite et grande, contre l'oligarchie politico-financière prônant qu'« il n'y a pas d'alternative » (au capitalisme), c'est être de gauche ;

– considérer l'égalité, au centre de la devise républicaine, comme le principe fondateur de la République, c'est être de gauche ;

– parler d'exploitation et non d'exclusion, d'égalité et non de charité, d'internationalisme et non de nationalisme, c'est être de gauche ;

– défendre la démocratie contre l'étatisme, l'autoritarisme, le fascisme, c'est être de gauche ;

– voir les racistes, les xénophobes, les antisémites, les islamophobes et les néo-nazis non comme des adversaires, mais comme des ennemis, c'est être de gauche ;

– applaudir à la Déclaration des droits de l'homme et du citoyen de 1793, qui dans son article 35 indique : « Quand le gouvernement viole les droits du peuple, l'insurrection est, pour le peuple et pour chaque portion du peuple, le plus sacré des droits et le plus indispensable des devoirs », c'est être de gauche ;

– soutenir que les mesures sociales mises en œuvre par le CNR[1] ont été d'un lumineux courage et doivent être non seulement conservées, mais développées dans le sens voulu par les résistants, c'est être de gauche ;

– appeler « salaire » ce que d'autres nomment « coût du travail » ; « plan de licenciement » le fameux « plan de sauvetage de l'emploi » ; « cotisations sociales » ce que le patronat compte comme « charges », c'est-à-dire nommer les choses par leur nom, c'est être de gauche ;

– rejeter le terme « partenaires sociaux », qui enferme les syndicalistes dans la langue du patronat et vise à les disqualifier, c'est être de gauche ;

– se souvenir que, si le patron a besoin de toi, tu n'as pas besoin de patron, c'est être de gauche ;

– récuser que tous les êtres humains, tous les êtres vivants, soient considérés comme des mar-

1. Comité national de la Résistance.

chandises dont on peut faire commerce, c'est être de gauche ;

– placer la culture et l'éducation au-dessus de toutes les autres priorités, c'est être de gauche ;

– combattre l'idée que le marché serait la démocratie et le capitalisme la fin de l'histoire, c'est être de gauche ;

– se placer toujours du côté des travailleurs sans papiers, des réfugiés, des immigrés, des déclassés, des étrangers, c'est être de gauche ;

– refuser d'admettre que le chômage, la précarité, la pauvreté, la misère, la faim, sont inéluctables pour garantir la richesse de quelques-uns, c'est être de gauche ;

– ne jamais renoncer à « transformer le monde » (selon l'injonction de Marx), c'est être de gauche...

Ai-je assez enfoncé de portes ouvertes ou dois-je continuer sur dix, vingt, cent pages ?

Être de gauche est un choix moral et politique. Cela ne peut, en aucun cas, se ramener à l'adhésion à tel ou tel parti, à tel ou tel syndicat, et encore moins à telle ou telle personne.

Être de gauche, c'est faire primer la conscience de classe sur la conscience politique – même si, au fond, elles sont indissociables. Dès lors, être de gauche, c'est combattre dans cette éternelle lutte des classes où, comme disait l'autre, nous n'avons « que des chaînes à perdre et un monde à gagner ».

Gérard Mordillat est écrivain et cinéaste.
Dernier livre paru : *Moi, présidente*, Autrement.

Régis Jauffret

La gauche est actuellement au pouvoir. Un gouvernement de gauche ne supporte pas que des réfugiés dorment pendant des mois dans la rue avec leur enfant, leurs enfants, parfois même leur nourrisson. Il ne laisse pas des petits dehors sous prétexte que leurs parents refusent d'intégrer les centres d'hébergement loin des villes. Un État qui laisse un enfant dormir dans la rue commet un crime chaque nuit renouvelé.

Un gouvernement de gauche trouve inacceptable le retour de l'exploitation publique des bébés pour apitoyer les passants et extorquer l'aumône dans les rues de Paris et d'autres villes de France. Une pratique moyenâgeuse qu'on croyait à jamais disparue depuis la prise de la Bastille. Il ne tolère pas qu'on les drogue et compromette de la sorte le développement de leur cerveau pour qu'ils restent immobiles dans le froid, le vent, la canicule, pendant les quinze heures que durera l'exhibition, avant qu'une voiture vienne ramasser fausse mère et vrai bébé pour les ramener à la maison de grande banlieue où les tenanciers de ce cirque de montreurs de mômes les entreposent entre deux spectacles. Un enfant drogué, exhibé, chosifié pour faire de l'argent, c'est une atteinte aux droits de l'homme dans le pays qui le premier les a déclarés.

Un gouvernement de gauche ne supporterait certes pas des choses pareilles. Un écrivain pas davantage, autrement il parlerait pour ne rien dire. Je parle pour ne rien dire et la gauche est une fiction qui, ces temps-ci, peine à s'incarner.

Régis Jauffret est écrivain.
Dernier livre paru : *Cannibales*, Le Seuil.

Fabienne Servan-Schreiber

Qu'est-ce que la gauche ? Elle n'est pas pour moi une idée désincarnée. Je me bats professionnellement depuis plus de trente ans, en tant que productrice, pour donner toute leur place aux minorités sur les écrans. Je le fais à travers des fictions, des documentaires, des séries, des films d'histoire, où j'aborde aussi bien d'autres sujets : *Sixième gauche* (1990) ; *Leila née en France* (1992) ; *Fruits et légumes* (1994) ; *Keufs dans la ville* (1994), sur six mois dans un commissariat de Saint-Denis ; *La Dette* (2000) ; *Fatou la Malienne* (2001) ; *Un pont sur la Loire* (2005) ; *L'Embrasement* (2006), sur les émeutes de l'automne 2005 à Clichy-sous-Bois ; *Prisons : la honte de la République* (2006) ; *Enfants graines de délinquants* (2008) ; *Un monde sans fous* (2010) ; *Passe le Périph d'abord* (2011) ;

L'Urgence de ralentir (2014) ; *Macho politico* (2016), ou encore *Femmes contre Daech* (2016). *Le Viol comme arme de guerre* est en cours de tournage. Il y a aussi eu les clips anti-jihad montés avec les familles dont les enfants sont partis en Syrie. Il faut continuer à se battre, beaucoup, pour des résultats toujours insuffisants. Être de gauche, ce n'est pas que des mots. En politique, je me sens plus citoyenne que militante. Je suis d'ailleurs engagée dans plusieurs associations passionnantes (EliseCare, Ensemble contre la récidive, Droit pluriel, Fraternité générale).

Qu'est-ce que la gauche ? Par le passé, Lionel Jospin a incarné une idée de la gauche dont je me sens proche. Il a été un brillant Premier ministre, avec une haute idée de la politique et une équipe de ministres de première qualité. Mais ce sont les combats des femmes qui me parlent le plus. Depuis ma grand-mère, Suzanne Crémieux, vice-présidente du Parti radical, qui fit entrer les femmes dans les partis politiques, jusqu'aux intellectuelles comme Antoinette Fouque et aux politiques comme Simone Veil. J'aimerais rendre hommage à toute une génération, j'allais dire mes copines, engagée dans le combat en faveur des femmes.

Alors, qu'est-ce que la gauche ? La gauche, c'est avant tout le rapport à l'autre ; le respect et la considération des autres, étrangers, rejetés, défavorisés, différents. Tous, nous devons tendre la main à l'autre. Ce sont des valeurs héritées des Lumières : raison, fraternité, égalité, liberté, générosité, tolérance. Être de gauche, c'est croire que c'est davantage la mauvaise organisation de la société que la nature humaine qui est responsable du terrible désordre qui règne sur la planète ; c'est avoir la certitude que l'homme est perfectible grâce, entre autres, à l'art, à la culture, à l'éducation et à la connaissance ; c'est partager la conviction que chaque individu, chaque citoyen peut et doit, à sa manière, à son niveau et selon ses moyens, s'efforcer de réparer le tissu déchiré du monde.

Fabienne Servan-Schreiber est productrice de cinéma.

Michelle Perrot

Qu'est-ce que la gauche ?

Le spectacle du monde est effrayant : Alep, nouvelle Guernica, est assiégée par les forces syriennes et russes, qui bombardent sans relâche les hôpitaux ; les migrants se noient par milliers chaque jour en Méditerranée, et se heurtent partout en Europe aux murs devenus, avec les camps, la réponse à leur détresse ; les inégalités, de plus en plus profondes, s'exercent principalement (pas seulement) au détriment des minorités ethniques refoulées dans les « quartiers » inhospitaliers, et, du coup, tentées par toutes les formes de radicalisation ; le corps des femmes est plus que jamais enjeu symbolique de pouvoir et objet de violences niées (hier, des magistrats turcs voulaient que les poursuites contre des violeurs soient systématiquement abandonnées) ; les enfants meurent sur les plages de l'exil, ils disparaissent sans avoir vécu...

Sombre litanie du malheur qu'on pourrait allonger à l'envi, tant sont violents les drames d'une terre qu'on a cru un temps vouée à la paix et aux promesses d'une croissance illimitée, et qui n'en finit pas de se réchauffer, dans toutes les acceptions du terme.

À ces problèmes, les extrêmes droites répondent par un nationalisme exacerbé, la xénophobie, le protectionnisme, la fermeture, le refus des différences et des libertés individuelles, l'affirmation d'une introuvable nature, le culte d'une virilité armée incarnée par des chefs (des deux sexes), le retour à la dureté des peines, prison, isolement, voire peine de mort. Elles se raccrochent à des modèles dépassés et refusent le réel du présent. Désarçonnée, incertaine, perdue dans le brouillard de conflits partisans ou personnels, la gauche française, divisée en gauches multiples et antagonistes, réduite à l'impuissance, injustement critiquée dans ses initiatives, s'abrite derrière un discours sécuritaire qui ne convainc personne. Ses partisans doutent ; l'opinion se détourne d'elle.

Contre cette avalanche de haines aveugles, négatrices des questions, la gauche est pourtant plus que jamais indispensable. Comme force de refus, de réflexion et de proposition qui peut prendre des formes très diverses (associations, mouvements, *think tanks*, etc.), et pas seulement celle de partis épuisés, quoique sans doute nécessaires. Il faut d'abord savoir dire non aux violations quotidiennes des droits humains, ne pas se résigner, élever la voix, prendre la plume, l'ordinateur, les réseaux sociaux, manifester à sa manière dans la vie quotidienne. La responsabilité de chacun est engagée. Le pouvoir, c'est l'individu citoyen.

S'indigner, certes, et d'autres l'ont fait à bon escient. Mais le refus ne suffit pas. Le monde a changé, il change à toute vitesse sous nos regards vacillants. Dans son fonctionnement économique, social, culturel, anthropologique. Dans son système de communications, dans son équation scientifique. Nous ne le comprenons plus. Les solutions d'hier ne suffisent plus. Elles patinent. La persistance du chômage, « contre lequel on a tout essayé », en fournit un exemple pathétique. Que d'études pourtant, de tous ordres, sur les aspects les plus divers de nos sociétés ! Si nombreuses qu'elles sont à peine entendues, à peine prises en compte. Faute de volonté de résultats, il y a une extraordinaire déperdition de l'expertise. Que faisons-nous de nos savoirs accumulés depuis tant d'années ? Ils forment un réservoir d'analyses à mobiliser en ce moment crucial de bilan critique et de choix d'avenir.

Que voulons-nous ? Quels sont nos objectifs, quel est notre projet ? Quelle société souhaitons-nous ? Et quelles interventions sont possibles en préservant le maximum de libertés ? Tant de choses sont à redéfinir. Savons-nous ce qu'est aujourd'hui le « bien commun » ? Quel doit être le rôle de l'État qui, nous en sommes conscients, « ne peut pas tout », mais doit garder un rôle essentiel de régulateur ? Quels sont nos instruments ? Quel doit être, par exemple, le rôle d'une fiscalité redistributive en faveur des plus défavorisés sans brider la production et la croissance ?

Quelles sont nos priorités ?

À l'extérieur, la poursuite résolue de la construction européenne, notamment dans l'accueil aux réfugiés que l'Allemagne de la CDU (et de la chancelière Angela Merkel) a pratiqué mieux que la France des droits de l'homme.

À l'intérieur, la lutte contre les inégalités me semble primordiale. Leur accroissement est le principal danger qui menace les sociétés démocratiques, dont elles minent les fondements. Nous savons qu'elles ne sont pas seulement sociales, mais aussi culturelles. L'éducation, dès la maternelle, dans la mixité, doit être un instrument privilégié de réduction de la reproduction et des héritages, à tous les échelons, à toutes les étapes de la scolarité, où il convient certes de revaloriser les filières professionnelles et manuelles, mais en évitant les orientations trop précoces. Il ne faut pas renoncer au rôle de l'école dans la promotion de l'égalité des chances sociales. Et sexuelles, car le genre, si injustement caricaturé, demeure un outil majeur d'analyse et d'action éducatives. L'apprentissage des fondamentaux, notamment de la langue, doit prendre en compte les différences et compenser les inégalités familiales. L'enfance, temps des choix et des devenirs, est un moment clef dans la réalisation d'une société fraternelle à laquelle la gauche ne saurait renoncer sans perdre sa raison d'être.

La fermeté des principes, l'attachement à la devise républicaine, ne dictent pas les solutions. Il y a, dans les tensions extrêmes de la société d'aujourd'hui, des risques d'explosion qu'il ne faut pas sous-estimer. De révolution, peut-être – ce qui, jadis, aurait pu signifier « espoir ». Mais l'Histoire nous a appris que les révolutions sont des solutions coûteuses, notamment pour les libertés, dommageables souvent pour les plus faibles – en somme, généralement désastreuses.

Informée et lucide, la gauche moderne doit être résolument et hardiment réformiste. Réaffirmer que le progrès est possible, mais pas à n'importe quel prix. Évaluer pour chaque intervention les avantages et les effets éventuellement pervers. Faire des choix raisonnés, courageux et assumés pour les plus menacés et dans l'intérêt général.

Pour le « reste », l'essentiel peut-être, elle devrait faire confiance aux libertés, aux capacités de la société « civile », aux créateurs que sont potentiellement tous les êtres, aux facultés d'invention et d'innovation de la jeunesse, aux forces du désir et de l'art.

Telle serait la gauche dont je persiste à rêver : généreuse et ouverte, innovante et critique, héritière mais non captive des expériences du passé, rebelle aux orthodoxies et aux « lignes », résolument tournée vers un avenir encore indiscernable et qu'elle pourrait construire.

Elle fut le choix résolu de ma jeunesse d'après-guerre, nourrie aux feux de la Reconstruction et éprouvée par la guerre d'Algérie et la désindustrialisation, éclairée par mai 1968 et le mouvement de libération des femmes, par Michel Foucault et par la chute du mur de Berlin. Une gauche sans cesse à réinventer.

Michelle Perrot est historienne.
Dernier livre paru : *Mélancolie ouvrière*, Grasset.

Laurent Binet

La droite a tort, elle le sait, c'est pourquoi elle emploie toute son énergie à bâtir les fictions les plus extraordinaires : aider les riches, c'est aider les pauvres. Les dominants sont des victimes. Les profits d'aujourd'hui sont les investissements de demain et les emplois d'après-demain. Favoriser les licenciements, c'est favoriser l'emploi. Le travail, c'est la liberté. Travailler plus permet de gagner plus. C'est par le travail, et non par la rente, la spéculation et l'héritage, qu'on peut s'enrichir. L'actionnaire mérite son argent parce qu'il prend des risques. En France, les conducteurs de train, les enseignants, les chômeurs et les étrangers sont les vrais privilégiés. L'égalité est une aspiration fasciste. Ce sont les chefs d'entreprise qui font tourner l'économie. Une autorégulation exigeante est le meilleur moyen de corriger les abus du patronat. L'employé a besoin de son patron, et non l'inverse. Le salarié coûte toujours trop cher. Il faut reculer l'âge de la retraite en période de chômage massif. Les dettes doivent toujours être remboursées (avec les intérêts). Les privatisations profitent à la collectivité. Les services publics doivent être démantelés pour le bien commun. La suppression de centaines de milliers de fonctionnaires améliorera le bon fonctionnement de la société.

Toutes contre-vérités si manifestes qu'elles devraient aussitôt et à tout jamais classer celui qui les énonce dans la catégorie des provocateurs nihilistes, des contempteurs de la logique, des laquais du grand capital ou des faibles d'esprit. Mais c'est le génie de la droite que de parvenir, jour après jour, à vendre son programme à des gens qui en seront tôt ou tard les victimes.

Cependant, cet exploit rhétorique serait impossible sans la complicité fidèle d'une frange de la gauche.

Vu les succès que leur stratégie de pilonnage sémantique a remportés, je ne vois aucune raison de laisser aux porte-voix de la droite le monopole de l'outrance verbale.

Sans doute Sartre n'avait-il pas, en son temps, mesuré toutes les dérives du stalinisme, mais il avait au moins compris qu'on ne gagnait rien, politiquement, à retenir ses coups. C'est pourquoi, dans l'optique d'en finir avec ces deuxième ou troisième gauches dont l'invraisemblable collusion avec les droites thatchériennes aura favorisé un peu partout les reculs sociaux les plus inattendus, il me paraît utile de rappeler quelques principes.

Tout homme de gauche qui prône la baisse des charges et la politique de l'offre est un chien.

Tout homme de gauche qui fait passer la flexibilité, c'est-à-dire la dégradation des conditions de travail des salariés, pour un progrès, est un chien.

Corollairement, tout homme de gauche qui pense que le code du travail est trop gros est un chien.

Tout homme de gauche qui a un jour demandé son avis à un banquier est un chien.

Tout homme de gauche qui pense que le bus est mieux que le train et que la déréglementation des taxis ou des coiffeurs va sauver l'économie est un chien et un bouffon.

Tout homme de gauche qui prétend que la France a sauvé la Grèce et n'a pas contribué au contraire à son écrasement sous la botte de fer de l'Union européenne aux ordres d'une Allemagne sans pitié est un tartuffe et un toutou.

Tout homme de gauche qui condamne par principe la violence comme stratégie politique, qui estime qu'une voiture brûlée ou qu'une chemise arrachée vaut en violence un seul licenciement (*a fortiori* plusieurs milliers) et qui est prêt, ce faisant, à traîner des syndicalistes ou des manifestants devant la justice est un chacal infect.

Tout homme de gauche qui pense que la religion n'est pas l'opium du peuple est un chien paternaliste.

Tout homme de gauche qui a eu peur ou qui s'est moqué de Nuit Debout est un imbécile.

Il y a lieu de supposer que tout homme de gauche déclarant qu'il ne croit pas à la lutte des classes fraude le fisc et possède des comptes à Singapour.

Tout homme de gauche qui prétend que travailler quarante, cinquante, soixante heures est bon pour la dignité mérite son stage à Carrefour.

Tout homme de gauche qui a oublié que la propriété, c'est le vol, est un parvenu, un vendu, un bon bourgeois à la Flaubert, une gravure ambulante de Daumier.

Tout homme de gauche qui croit intelligent de citer Talleyrand est un benêt, un corrompu et un centriste.

La liste n'est évidemment pas exhaustive et je laisse aux hommes de bonne volonté le soin de la continuer.

Puisse simplement cette modeste tentative de clarification contribuer à liquider l'anomalie monstrueuse et l'insulte permanente à la décence, à la vérité et à ses électeurs qu'aura été cette gauche-là.

Laurent Binet est écrivain.
Dernier livre paru : *La septième fonction du langage*, Grasset.

Michel Wieviorka

Qu'est-ce que la gauche ? À une telle question, on a d'abord envie de répondre en s'inspirant de la tirade du nez :

Ah ! non ! C'est un peu court, jeune homme !
On pouvait dire... oh ! Dieu !... bien des choses en somme...
En variant le ton...

Car enfin : une gauche se meurt, et il faudrait dire ce qu'elle est ? Disons d'abord ce qu'elle a été, à l'échelle du monde et de l'histoire, à celle de la France et des années récentes. Et voyons de quoi elle se meurt. Ou de qui.

La gauche, dans de nombreux pays, a longtemps été avant tout social-démocrate ou communiste.

Dans notre pays, l'expression « social-démocratie » renvoyait à l'idée d'un État social, sans que l'on puisse dire de la réalité qu'elle était pleinement conforme au concept : celui-ci exige de la force politique concernée qu'elle promeuve l'État-providence, mais aussi qu'elle s'adosse à un puissant mouvement syndical, ce qui n'a jamais été le cas en France. En revanche, le socialisme à la française a longuement été municipal – et plus ou moins clientéliste.

Le communisme s'est effondré dans les années 1980, la social-démocratie périclite partout où elle était forte et, s'il s'agit de la seule France, le socialisme municipal est profondément affaibli du fait des échecs électoraux du pouvoir au cours de ces dernières années. La gauche de gouvernement sort disqualifiée de la période récente. Elle donne l'image d'un éclatement, laissant en son centre une béance immense. Elle est, du fait du retrait de Martine Aubry, sans incarnation significative pour la prochaine élection présidentielle, avec une droite de la gauche (Valls, Macron) et une gauche de la gauche (Hamon, Montebourg, Mélenchon) – et rien dans ce qui les sépare. La candidature, tardive, de Vincent Peillon à la primaire du PS vise certainement à combler cette béance, mais il n'est pas certain qu'elle soit perçue comme telle, et qu'elle obtienne les ralliements et adhésions qui la justifiaient.

S'agit-il d'un phénomène conjoncturel et bien français, ou de la version française d'un problème planétaire, et durable ?

Partout, dans le monde, on observe des évolutions comparables à la nôtre : épuisement, décomposition, radicalisation minoritaire à gauche de la gauche, confusion à sa droite, et le cas français n'est pas le pire : notre gauche politique ne sombre pas dans la corruption comme au Brésil, par exemple, et elle garde quelque espoir de maintenir un appareil, de conserver des parlementaires. Toujours est-il que notre pays est partie prenante d'un mouvement mondial de déclin des gauches politiques.

Cela exonère-t-il la nôtre, le Parti socialiste, et ceux qui dirigent notre pays, à commencer par le chef de l'État ? Certainement pas.

Où sont les efforts pour animer et soutenir le débat d'idées ? Où sont la formation des jeunes générations, la préparation intellectuelle et politique des futurs cadres et militants de la gauche ? Où sont l'écoute, l'attention portée aux attentes citoyennes ? Ce n'est pas faire du « Hollande *bashing* », comme l'ont dit d'en haut quelques « personnalités » dans le *Journal du Dimanche*[2], que de dire de François Hollande qu'il n'a proposé aucune vision, ou qu'il n'a pas su redonner souffle et dynamisme à l'Europe.

La lecture du livre de Gérard Davet et Fabrice Lhomme – *Un président ne devrait pas dire ça*[3]… – est bien plus édifiante que l'autosatisfaction ou les bilans de proches, de donneurs de leçons qui sortent de leurs compétences, de dirigeants économiques, de courtisans ou d'amis personnels du chef de l'État.

Si nous en sommes là, n'est-ce pas aussi que l'idée de gauche est devenue inadaptée, et que le « peuple de gauche » se rétrécit comme peau de chagrin ? N'avons-nous pas, finalement, les responsables ou la classe politique que nous, « peuple de gauche », intellectuels de gauche, méritons ?

2. 20 novembre 2016.
3. Stock, 2016.

Il est vrai que les idées de gauche, dans une société individualiste, résistent difficilement, et que le « peuple de gauche » est démobilisé, car désorienté. Entre les pulsions autoritaristes, l'abstention post-démocratique, le glissement vers la droite, le vote pour le FN et la radicalisation gauchiste, dans un contexte économique démoralisant, dans un climat inquiétant du fait du terrorisme, il a peine à se doter de repères clairs, justes, émancipateurs et motivants. Il ne reste plus, au sommet, dans les allées du pouvoir et de son parti, qu'à espérer un miracle, et en réalité à tout faire pour éviter une débâcle totale aux prochaines élections, présidentielle et législatives.

Faut-il se résoudre à un tel déclin, envisager un retour aux années 1960, avant la reconstruction qu'ont rendue possible le congrès d'Épinay (1971), puis l'Union de la gauche, avec son Programme commun ? Ce serait accepter non seulement une sorte de déchéance historique, mais aussi l'entrée dans une ère où les valeurs les plus fondamentales risquent fort d'être malmenées.

Le droit, les droits de l'homme, l'État de droit, la solidarité, les libertés fondamentales sont aujourd'hui menacés par ceux qui ne parlent que sécurité et identité, qu'il s'agisse de la droite autoritaire et antiétatique ou de l'extrême droite. Et, socialement, les inégalités risquent de s'accroître, en même temps que régressera l'État social, ce qui apparaît dans les programmes d'une droite se préparant à arriver aux affaires.

Pour l'instant, dans le clivage entre deux France – l'une ouverte au monde et à la diversité, soucieuse de droits et de libertés, l'autre promouvant une nation homogène et une société fermée, désireuse de sécurité avant tout –, la gauche semble peiner à s'affirmer, et il en va de même socialement, malgré le chômage, la précarité et les inégalités.

L'histoire des années 1930 montre que le fascisme prospère dans la décomposition des gauches politiques, et l'apathie ou le découragement du peuple de gauche. Nous n'en sommes pas là. Mais il est urgent que se reconstruisent une pensée, des projets de gauche. Ce qui implique que des intellectuels renouvellent les idées et les analyses, que la conscience européenne reprenne vigueur, que les citoyens débattent, et qu'apparaissent des forces politiques nouvelles, ou réellement renouvelées, laissant toute leur place aux jeunes générations et à la diversité, articulant morale ou éthique et politique, visions d'avenir et écoute, assurant la jonction de thèmes sociaux et de l'écologie, inventant des façons neuves de faire de la politique.

Tout cela sera, hélas, facilité par la nouvelle donne qui se profile, et par la longue cure d'opposition, et peut-être de marginalisation, qui attend la gauche politique après les prochaines élections.

Michel Wieviorka est sociologue. Dernier livre paru : *Le séisme. Marine Le Pen présidente*, Robert Laffont.

Danièle Sallenave
de l'Académie française

C'est une question que je ne me pose jamais, tellement la réponse va de soi : je suis de gauche, je l'ai toujours été, je le serai toujours. Il m'est absolument impossible d'imaginer que je puisse dire un jour, ou penser : je suis de droite.

Ce qui ne veut nullement dire que je sois toujours d'accord avec la « gauche » officielle (c'est quoi, d'ailleurs ?) ou que je ne puisse pas être d'accord avec quelqu'un « de droite », et parfois même plus, sur certains sujets, qu'avec quelqu'un « de gauche ».

Mais ça n'y change rien : je suis toujours de gauche, même quand je ne vote pas à gauche, même quand je désapprouve la politique de la « gauche » – ce qui m'est arrivé souvent depuis que je m'intéresse à la vie politique (en gros, depuis un bon demi-siècle).

Quelque éloignement que je ressente, je ne suis jamais séparée de la gauche. Le lien qui m'unit à la gauche s'étire, mais il ne se rompt jamais, il ne peut pas se rompre. Il ne le peut pas, c'est tout.

Mais alors, c'est quoi, être de gauche ? C'est quoi, ce lien élastique, parfois distendu, qui me relie à la gauche ? Est-ce que ça veut dire que la gauche est « ma famille » ? Oui et non : « ma famille politique », c'est une expression « de droite », employée depuis quelques années *ad nauseam*. Il y a une image organique dans ce lien qui ne peut pas me convenir ; je préférerai toujours les attachements choisis aux attachements subis, ou hérités. Et les familles sont le lieu et l'occasion de telles haines, voyez les Atrides, que ce n'est pas une très bonne image : la « gauche » comme la « droite » en France l'ont montré régulièrement. Mais, à droite, on est plus réaliste, on se réconcilie plus vite, on fait front, tandis que la gauche (politique), c'est, souvent, autant de partis que d'hommes.

Ce que je viens de dire n'est pas tout à fait juste, je ne suis pas tout à fait honnête dans cette affirmation. Il se trouve que la « gauche » n'est peut-être pas « ma famille », mais que dans ma famille, au sens littéral, on est « de gauche ». Je devrais donc dire que je suis « de gauche » par tradition familiale ? Ce ne serait pas exact non plus. Je suis de gauche non pas *parce que* mes parents l'étaient, mais *comme* ils l'étaient, et pour les mêmes raisons. À trente ans d'écart. Par fidélité à une certaine idée romantique, à la Michelet, de ce qu'est le « peuple », dont ils sortaient, auquel ils continuaient d'appartenir. D'où leur fidélité, qui est aussi la mienne, à la notion de progrès : il faut, pour la mettre en doute comme on le fait aujourd'hui, avoir bien peu de considération pour les améliorations sensibles qu'a connues la vie des plus pauvres, dans ses conditions matérielles, mais aussi dans ce que Michelet, encore lui, appelle l'« égalité visible ». Et comme il y a encore beaucoup à faire, raison de plus de ne pas renoncer à l'idée de progrès. De ne pas renoncer à mener, ou à soutenir, une politique de progrès.

Être de gauche ne se réduit pourtant pas à la question strictement politique, je veux dire aux engagements et à l'action politiques. Être de gauche, cela ne signifie pas, je l'ai dit, qu'on soutienne par principe, j'allais dire aveuglément, un parti ou un candidat « de gauche » lors d'une élection. Ni même, plus généralement, la politique menée par une majorité « de gauche ». Être de gauche, pour moi, c'est maintenir vivants quelques lignes directrices, quelques principes, quelques valeurs, et s'en inspirer.

En y réfléchissant un peu, je m'aperçois qu'être de gauche, c'est être entouré de quelques grandes figures, d'ombres qui se tiennent derrière vous, de formulations décisives, marquantes. Par exemple, une notion tirée de Kant, dans *Qu'est-ce que les Lumières ?* : l'autonomie, la capacité de se donner ses propres lois, « contre l'officier qui dit : “Ne raisonnez pas, exécutez !” ; contre le percepteur qui dit : “Ne raisonnez pas, payez !” ; contre le prêtre qui dit : “Ne raisonnez pas, croyez !” »

Mais être de gauche, c'est savoir aussi que de cette liberté, tous ne peuvent pas disposer ; que ce droit est souvent un droit purement formel contredit par l'organisation politique, économique d'une société. « L'avidité mercenaire fonde le despotisme politique », un despotisme qui, pour se légitimer, « fait descendre du ciel des pouvoirs menteurs et un joug sacrilège », écrit Volney, l'idéologue ami de Cabanis et de Condorcet. On peut admirer aujourd'hui encore la force de ce jeune penseur de vingt-sept ans qui, quelques années avant la Révolution, décrivait « ces fortunes concentrées en un petit nombre de mains, et toutes les lois et les institutions favorisant cette accumulation » (*Les Ruines ou Méditations sur les révolutions des empires*, publié en 1791, quand il est député à la Constituante). Et il ajoute que, « les oppresseurs étant moins nombreux que les opprimés », il a fallu, « pour soutenir ce faux équilibre, perfectionner la science de l'oppression ».

Être de gauche, c'est ne jamais oublier que l'histoire, c'est peut-être d'abord l'histoire de la domination.

Sous toutes ses formes.

Il n'y a donc pas d'autre devoir concret que de toujours combattre « pour les faibles contre les puissants, pour le peuple contre ceux qui l'oppriment, pour la justice sociale, contre l'iniquité et contre l'injustice », disait Jaurès un siècle plus tard. Je n'aurai pas l'impudence, ou le ridicule, d'attribuer à la « droite » une indifférence aux formes de la souffrance individuelle ou collective. Ni ne commettrai l'erreur d'accorder à la « gauche », selon une formule célèbre, le « monopole du cœur » : car cette phrase de Jaurès n'est pas un appel à la compassion, et c'est ce qui fait toute la différence. C'est l'énoncé d'une promesse, la « splendide promesse faite au Tiers-État » qu'Ossip Mandelstam rappelle à Staline, qui l'a trahie. C'est un engagement au combat, un appel à lutter pour l'émancipation. Émancipation à l'égard de toutes les formes de la domination, politique, religieuse, sociale, sexuelle, coloniale.

Ce n'est pas très original de se réclamer de Jaurès ; reste à savoir si tous ceux qui le font s'inspirent vraiment de lui. Pour moi, si la référence à Jaurès m'est indispensable, c'est toujours pour la même raison, une raison décisive : parce que, dit-il, la République est inachevée si elle n'est pas en même temps une République sociale. « Sans le socialisme, la République est vide » ; « sans la République, le socialisme est impuissant ».

La référence au socialisme donne un sens très particulier et un contenu concret à la proclamation d'attachement à la République, dont tout le monde aujourd'hui se targue. La référence républicaine oblige la gauche à élaborer une forme de socialisme définitivement débarrassée de la tentation autoritaire.

La politique, comme la vérité, ne peut pas venir d'en haut, être dictée d'en haut. Si je devais ne garder de ma jeunesse marxiste qu'une seule formule, ce serait celle-ci : « L'émancipation des travailleurs doit être l'œuvre des travailleurs eux-mêmes. » C'était vingt ans plus tôt, en 1843, l'apostrophe de Flora Tristan aux femmes, qu'elle généralisait à tous les opprimés : « C'est à vous, à vous seuls, qu'il appartient d'agir dans l'intérêt de votre propre cause. »

Ce qui me fait retrouver Jaurès, pour qui 1789 était le moment où se révéla la puissance d'« un grand peuple voulant se diriger lui-même ». Il faut toujours en revenir à ceci : c'est le peuple qui est le « souverain », c'est de lui que tout pouvoir tient sa légitimité. Mais encore faut-il que sa volonté ne soit pas confisquée, serait-ce par des « représentants » qu'aucune instance ne lui donne le pouvoir de contrôler. Se diriger soi-même : tout est là, mais, pour le réaliser, probablement de nouvelles formes sont-elles aujourd'hui à inventer.

On me dira que ce sont des références anciennes, mais un grand bond en arrière s'impose pour rejeter définitivement les utopies meurtrières du

XXe siècle et retrouver, pour imaginer l'avenir, toute la vigueur intacte des valeurs fondatrices de la gauche.

Danièle Sallenave est écrivaine et essayiste.
Dernier livre paru : *Dictionnaire amoureux de La Loire*, Plon.

Sandra Laugier

Au moment où la gauche de gouvernement s'effondre, à force de reniements, d'inconsistances ou de conflits mettant cruellement à nu les appétits de pouvoir, on peut se demander ce qu'il reste de la gauche. Eh bien, justement : la gauche « de gauche ». Qui n'a jamais disparu, et dont on peut à présent rappeler qu'elle ne se définit ni par des institutions, ni par des personnes, ni par des gouvernants.

Ni non plus par des valeurs : les gouvernants de gauche, à force de se considérer a priori comme des « gens bien », se sont déconsidérés, moins par le moralisme que par leur incapacité à se comporter à la hauteur de leurs principes, et par un sentiment de supériorité morale intrinsèque qui les a constamment retenus d'essayer de se critiquer sur le plan moral et tout simplement de devenir meilleurs. Ce qui a manqué, c'est le perfectionnisme.

Nous nous considérons d'emblée comme à gauche. Mais de quel droit ? On n'est pas « de gauche » par nature ou dignité intrinsèque ; on travaille, constamment, à le devenir. Se revendiquer de gauche n'est qu'une posture ou une prétention, si cela ne crée des devoirs envers soi-même. S'appliquer des règles qu'on énonce pour les autres, être représentatif de ce qu'on demande. Cette règle évidente (pour quelqu'un « de gauche ») est apparue de façon aveuglante dans les mouvements d'occupation des places, qui ont été l'occasion de formes d'organisation visant à illustrer immédiatement, ici et maintenant, l'exigence de démocratie ; être exemplaires des valeurs qu'on affiche. La force de ces actions, après Occupy, la Puerta del Sol..., puis Notre-Dame-des-Landes, Sivens, même Nuit debout, avec toute leur fragilité, c'est d'avoir demandé la « démocratie réelle maintenant » ; d'avoir été exemplaires des nouveaux rapports sociaux égalitaires qu'elles réclament et dont elles prouvent, pragmatiquement, la possibilité.

Au lieu de laborieusement définir la gauche par des caractéristiques, au risque de vouloir comme souvent la poser comme unique porteuse d'idéaux maintenant revendiqués – à tort ou à raison ! – par toutes sortes de politiques, y compris immondes, il faudrait, comme le suggère Wittgenstein, essayer de voir les traits qui lient, individuellement, un par un, les éléments de la « famille » ; voir à quoi cela ressemble, son air « de gauche ». Car, même si on ne peut plus définir la gauche sans se ridiculiser, on sait ce dont elle a l'air – comme on sait reconnaître tout de suite la droite (ou la pornographie). Pas besoin de définition, ça se voit.

« De gauche » n'est pas – plus – une essence, mais un air de famille, une aspiration à aller plus loin. Il n'y a pas « la gauche » ni un « être-de-gauche ». Car ce que nous ont appris ces décennies de déceptions, c'est que les principes, les idéaux, les connaissances, les valeurs ne suffisent plus. Il faut pouvoir les mettre en action, en société. Là où il y a déception, il y a eu, il y aura espoir. Cet espoir que l'on entend encore dans les derniers discours, les dernières actions de Barack Obama ; et pourtant, qu'est-ce qu'il a déçu ! On l'entend dans la série *Baron Noir* et son goût brutal du politique, plutôt que dans *House of Cards* et sa fascination présidentielle.

La vie publique à laquelle participent les membres d'une société s'organise simultanément sur deux plans : *le* politique est cette sphère de l'action humaine, un ordre de relations sociales et de rapports de pouvoir entre citoyens ; *la* politique est cette autre sphère dont l'objet est l'établissement et l'ajustement constant du cadre constitutionnel d'un État à sa représentation. La distinction entre le/la politique n'est pas une séparation : entre les deux sphères, le va-et-vient est permanent. La manière dont la vie s'organise dans le quotidien des relations sociales ordinaires et des liens faibles (de travail, de coopération, et de voisinage dans l'espace public) – *le* politique – est le lieu où s'élaborent les formes collectives qui donnent leur tonalité aux pratiques de la politique. C'est dans ces formes de vie qu'émergent les revendications de droit, de liberté, de dignité et de sécurité des citoyennes ; et c'est là que se préfigurent les dispositifs institutionnels qui répondent à l'état des mœurs et des revendications.

Dans les États de droit modernes, si c'est dans *le* politique que toute demande d'extension de la démocratie émerge, pour qu'elle prenne force de loi, elle doit nécessairement être portée vers le niveau de la politique (gouvernementale). Un des échecs de la gauche de gouvernement est de ne pas avoir pris la mesure de cette transformation politique, qui fait de la démocratie d'abord une *forme de vie* ; de ce travail politique invisible qu'une société accomplit sur elle-même et qui ne peut être confisqué par des partis.

Être de gauche, ce serait finalement admettre que la démocratie ne prend pas uniquement consistance dans un système politique dont l'élection est la pierre d'angle comme l'existence de partis en lutte pour l'alternance, mais qu'elle le fait dans l'*actualisation* des principes d'égalité, de liberté et de pluralisme par les citoyen.ne.s ordinaires, qui font entendre leur voix dans la détermination du présent et du futur de la collectivité.

Ainsi, la démocratie est désormais une forme de vie tout autant qu'un régime politique. Être de gauche d'après la gauche, c'est considérer que la politique est à inventer collectivement – et pas un outil aux mains de l'État, ou d'intérêts privés, comme cela arrive maintenant. C'est alors refuser toute règle qui fixe le périmètre de ceux qui ont le droit de prendre part de façon légitime à la vie civique et politique. C'est considérer que la citoyenneté ne se *mérite* pas, mais se définit par la participation à un avenir et à la vie ensemble. La « participation politique », revendiquée partout, ne suffit vraiment pas à répondre à cette nouvelle aspiration perfectionniste[4].

Les « mouvements » ou plutôt installations de ces dernières décennies ont manifesté cette transformation du politique en refusant de tracer une ligne de démarcation entre des paroles qui peuvent être portées dans l'espace public et d'autres qui n'y sont pas bienvenues, ou inacceptables. La démocratie réelle est toujours de rupture : traversée par ceux et celles qui souhaitent élargir l'espace public et l'ouvrir à des voix différentes. Les luttes féministes, celles des minorités et des migrants.. en sont des exemples. Mais il y en a de moins nobles. Ceux qui ont dit « Je ne suis pas Charlie » après les attentats de janvier 2015 ont immédiatement et vertueusement été exclus de la communauté des citoyens par les commentateurs et politiques : mais comment en est-on arrivé là, etc. Être de gauche, ce serait, au lieu de vouloir rééduquer ou punir ces

4. S. Laugier, *La Voix et la Vertu. Variétés du perfectionnisme moral*, PUF, 2010.

jeunes, les considérer comme participant au travail politique de la société française, par l'expression – même révoltante – de réalités auxquelles il nous faut collectivement faire face. Ce serait défendre l'idée que toutes les personnes qui ont été élevées et vivent dans une même société, même de façon récente, ont un droit égal à participer à la conversation démocratique.

C'est ce qui nous intéresse dans l'idée de la démocratie comme forme de vie[5] et qui nous avait mobilisés dans la défense de la désobéissance civile[6] : comment la dissonance peut trouver à s'exprimer dans une nouvelle modalité d'action politique. Si les mouvements de protestation extra-institutionnelle ont paru déconcertants aux yeux des professionnels de la politique, l'accueil qu'ils ont reçu de la part des populations et de beaucoup de dirigeants leur a donné un surcroît de légitimité (ce qui a parfois valu à ces campements de ne pas être démantelés par la force).

D'où ont-ils pu tirer cette légitimité ? La réponse est chez Dewey après Wittgenstein : la

5. A. Ogien, S. Laugier, *Le Principe démocratie*, La Découverte, 2014.
6. A. Ogien, S. Laugier, *Pourquoi désobéir en démocratie*, La Découverte, 2010, réédition 2011.

démocratie est *une forme de vie*, et aussi *une méthode* : l'exploration de la politique par les citoyen.ne.s qui acquièrent une maîtrise – plus ou moins élaborée et plus ou moins réfléchie – de la forme d'organisation sociale dans laquelle ils. elles vivent, et une idée de celle dans laquelle ils.elles voudraient vivre. Il y a une structure perfectionniste dans ce va-et-vient politique, qui combine la réalité politique, la vie ordinaire, l'aspiration à un monde meilleur, à quoi l'on donne, comme systématiquement l'a fait Obama depuis sa première campagne présidentielle, le nom *d'espoir*[7].

Oui, encore maintenant, et même *après* la gauche, c'est encore l'espoir qui la caractérise et dont elle continue encore d'avoir le monopole. L'espoir d'un avenir plus juste, espoir absent de la politique de droite : pas seulement parce que, telle qu'elle s'exprime aujourd'hui, elle se fonde sur une vision basse et pessimiste de la nature humaine, égoïste et sécuritaire, repliée sur elle-même et sans souci des inégalités globales et locales ; parce qu'elle ne compte pas sur la capacité propre des citoyen.ne.s. à décider de ce

7. S. Cavell, *Qu'est-ce que la philosophie américaine ?*, Gallimard, 2009.

qui est bon pour elles.eux. L'espoir de *réaliser* la liberté et l'égalité : car la liberté n'est rien si on ne peut l'exercer faute de moyens ou de droits spécifiques, et l'égalité n'est rien, ou pis, si on ne combat pas, constamment, pour des voix et droits égaux pour tou.te.s. La liberté, l'égalité réelles, voilà notre nouveau *programme commun*, pour la gauche d'après la gauche, à l'heure maintenant de sa reconstruction, qui a déjà commencé de façon invisible et pourtant juste sous nos yeux.

Sandra Laugier est professeure de philosophie à l'université Paris 1 Panthéon Sorbonne.
Dernier livre paru : *Recommencer la philosophie. Stanley Cavell et la philosophie en Amérique*, Vrin.

Wajdi Mouawad

S'il est vrai que, au mouvement monumental du temps, il survient des déplacements d'une violence inouïe, alors le XXe siècle aura été, dans l'histoire des hommes, le siècle de la dévoration. Nous sommes les dépositaires du grand saccage Et dans l'interstice qui sépare la disparition d'un monde dont plus personne ne peut témoigner, de l'avènement de celui qui devrait lui succéder et qui tarde à se lever, s'est ouvert le temps des monstres. Nous sommes dans cet interstice-là et c'est à partir de cet interstice que nous tentons de voir venir, de nous repérer quand tous les repères se sont effondrés.

La désillusion sociale, la fragmentation spirituelle et la solitude technologique, transformant le citoyen en consommateur passif recevant chez lui et sur lui, grâce aux ondes, ce qui comble ses besoins, sont devenus notre quotidien, notre lot. Un lot auquel s'ajoute l'effroi de la menace écologique. Cet effroi a ceci de nouveau qu'il ne s'est encore jamais présenté aux humains avec une telle réalité. Jamais une menace écologique globale ne s'est levée avec une telle évidence. Tous les signes d'un dérèglement qui va croissant sont là, mesurés, observés. Pourtant, nous allons toujours seuls dans nos voitures, dans l'incapacité du partage des ressources et de la mise en place obligatoire d'énergies renouvelables. Entêtés, dirait-on, à maudire nos enfants, dans la fuite vers la collision. Pourquoi est-ce difficile à l'humain de croire à sa disparition ? Le cerveau reptilien réagit à ce qu'il connaît, à ce qui, il y a longtemps, l'a déjà effrayé : guerres, terreurs, épidémies, mais la disparition de sa race n'évoque rien à son cerveau animal. Face à cet inconnu, il demeure insensible. Il n'a pas, dirait-on, les capteurs pour croire au danger quand bien même le danger est sous ses yeux. Notre confort est si lié à ce qui nous menace qu'il nous est devenu impossible de détricoter ce qui nous perd de ce qui nous sauve. Dans un tel contexte, celui des restrictions des libertés, des violences économiques, des délabrements religieux et du vide métaphysique, de la dispersion et du sentiment d'impuissance – qui n'est pas aussi innocent que son nom l'indique –, qu'est-ce que signifie être de gauche ?

Poser la question, c'est poser la question des moyens que nous voulons donner aux générations futures pour être en mesure de résister face à ce qui approche, à ce qui, peut-être, frappera l'humanité de plein fouet. Que veut dire être de gauche si ce n'est préparer ces générations, non pas à la catastrophe, mais à la manière d'être pendant et après la catastrophe ? Être de gauche, c'est donc déjà ne plus penser à soi, mais à la manière de transmettre un sens, une force, une générosité, à ces générations nouvelles qui sont déjà, avant de naître, menacées par le déferlement des objets et des images d'un monde annihilant toute intériorité. Comment leur transmettre l'idée qu'il leur faudra relever le défi de demeurer humain dans un contexte inhumain ? Comment préserver la joie au milieu des débâcles ? Comment croire pour eux ce qui devient de plus en plus difficile de croire pour nous ? Comment leur donner les moyens de lutter en étant à la fois heureux personnellement et malheureux collectivement ? Comment faire naître l'espoir ?

Face à ces questions, la réalité du pouvoir s'effondre. Avoir ou non le pouvoir ne devrait, en aucun cas, être ce qui occupe la gauche. La question du pouvoir ne devrait, en aucun cas, faire dévier le discours. Le temps des compromis est chèrement payé. Pour le saumon qui va à contre-courant, une seconde de repos signifie un recul de quatre mètres qu'il faudra regagner en pure perte. De même pour qui se prétend de gauche : le moindre compromis afin d'acquérir le pouvoir se paie en un recul dont pâtiront les générations futures. Ceux qui sont de gauche partagent cette conscience que toute trahison pour gagner un profit est payée en malheur par la génération future.

Alors, s'il est vrai qu'être de gauche est une manière de se sauver en sauvant d'abord l'ensemble, comment croire encore qu'il est possible de changer le monde quand cette conviction a déserté les cœurs ? Comment croire que le bien commun existe ? Comment s'obstiner à se révolter contre toutes les formes d'injustice ? Si être de gauche, c'est refuser de trahir ces valeurs-là, alors il faut accepter qu'être de gauche aujourd'hui consiste à assumer la défaite, puisque ces valeurs ne sont pas l'apanage de la majorité de notre époque. Accepter la défaite non pas par faiblesse, mais parce que l'essentiel est dans la résistance à la force régnante qui refuse les miettes à ceux qui ne veulent pas d'un monde vidé d'humanité.

Dans ce temps des monstres, dans cet interstice qui espère une époque nouvelle et dont nul ne saurait aujourd'hui affirmer si elle adviendra ou non, ne pas trahir les valeurs de la gauche, c'est croire farouchement qu'il existe une manière de gagner qui consiste à perdre. Être de gauche, c'est soutenir et renforcer ce paradoxe.

Wajdi Mouawad est écrivain et metteur en scène.

Sophia Aram

La gauche, c'est un ensemble hétéroclite de personnes en désaccord sur presque tout et qui, curieusement, se rassemblent tous les vingt ans environ pour envoyer un centriste à l'Élysée.

Sophia Aram est humoriste.

Table des matières

Préface
Cécile Amar et Marie-Laure Delorme 7

Erri De Luca 11
Michel Winock 15
Martine Aubry 23
Matthieu Pigasse 33
Catherine Cusset 41
Jean-Luc Mélenchon 51
Karine Tuil 67
Marc Crépon 69
Arthur Dreyfus 75
Aurélie Filippetti 87
Michaël Fœssel 91
Valérie Zenatti 97
Martin Hirsch 101

Élisabeth Roudinesco 115
Marc Dugain 123
Cécile Duflot 127
Frédéric Worms 135
Annie Ernaux 141
Audrey Azoulay 147
Thierry Lévy 153
Geneviève Brisac 157
Gérard Mordillat 165
Régis Jauffret 171
Fabienne Servan-Schreiber 173
Michelle Perrot 177
Laurent Binet 185
Michel Wieviorka 191
Sandra Laugier 207
Wajdi Mouawad 217
Sophia Aram 223

Les auteurs de cet ouvrage ont accepté
de reverser leurs droits à deux associations.

Créé en 1979, le Comité pour la santé des exilés (Comede) s'est donné pour mission d'agir en faveur de la santé des exilés et de défendre leurs droits. En près de quarante ans, le soin et l'accompagnement de 150 000 exilés de plus de 150 nationalités dans le cadre des consultations et des permanences téléphoniques ont fait du Comede un poste d'observation privilégié de la santé et de l'accès aux soins des migrants/étrangers en France. Les activités d'accueil, soins et soutien des exilés, ainsi que d'information, formation et recherche, sont indispensables pour répondre aux objectifs de l'association. Les actions du Comede sont conduites en partenariat avec des associations, institutions et professionnels de la santé, du droit et de l'action sociale.

Ces informations sont disponibles sur le site www.comede.org.

SALAM (Soutenons, Assistons, Luttons, Agissons pour les Migrants) a été créée en 2003 à Calais après la destruction du camp de Sangatte, pour aider les migrants alors jetés à la rue. Depuis cette date, l'association répond à leurs besoins élémentaires. Ses bénévoles leur distribuent de quoi manger, des vêtements et des couvertures, ils les accompagnent dans leurs démarches administratives et s'efforcent de sensibiliser le grand public à leur situation. Aujourd'hui, ils veillent à leur bon accueil dans les différents centres à travers le territoire national.

Ces informations sont disponibles sur le site de l'association : www.associationsalam.org.

Composition et mise en pages
Nord Compo à Villeneuve-d'Ascq

Cet ouvrage a été imprimé en France par
CPI
pour le compte des Éditions Fayard
en décembre 2016

Fayard s'engage pour l'environnement en réduisant l'empreinte carbone de ses livres. Celle de cet exemplaire est de :
0,500 kg éq. CO_2
Rendez-vous sur www.fayard-durable.fr

PAPIER À BASE DE FIBRES CERTIFIÉES

46-2367-0/01

N° d'impression : 139505

Pour l'éditeur, le principe est d'utiliser des papiers composés de fibres naturelles, renouvelables, recyclables et fabriquées à partir de bois issus de forêts qui adoptent un système d'aménagement durable.

En outre, l'éditeur attend de ses fournisseurs de papier qu'ils s'inscrivent dans une démarche de certification environnementale reconnue.